我们都是追梦人

胡清波◎编著

江苏凤凰文艺出版社
JIANGSU PHOENIX LITERATURE AND
ART PUBLISHING, LTD

图书在版编目（CIP）数据

我们都是追梦人 / 胡清波编著 . — 南京 : 江苏凤凰文艺出版社 , 2019.10
ISBN 978-7-5594-3700-6

Ⅰ . ①我⋯ Ⅱ . ①胡⋯ Ⅲ . ①人物 – 先进事迹 – 中国 – 现代 Ⅳ . ① K820.7

中国版本图书馆 CIP 数据核字 (2019) 第 083792 号

我们都是追梦人

胡清波　编著

出 版 人　张在健
责任编辑　白　涵　刘洲原
策划编辑　韩　薇
责任印制　刘　巍
出版发行　江苏凤凰文艺出版社
南京市中央路 165 号，邮编：210009
网　　址　http://www.jswenyi.com
印　　刷　北京铭传印刷有限公司
开　　本　690mm × 980mm 1/16
印　　张　18
字　　数　180 千字
版　　次　2019 年 10 月第 1 版　2019 年 10 月第 1 次印刷
书　　号　ISBN 978 - 7 - 5594 - 3700 - 6
定　　价　58.00 元

中央电视台著名主持人
敬一丹

茫茫人海，纷繁世间
有幸遇到他们，记录他们，
他们人生经历不同，
而相同的是
他们给我们面对未来的力量。

遇到他们
记录他们
是媒体人的幸运——

敬丹 2009.8

中央电视台著名主持人
董浩

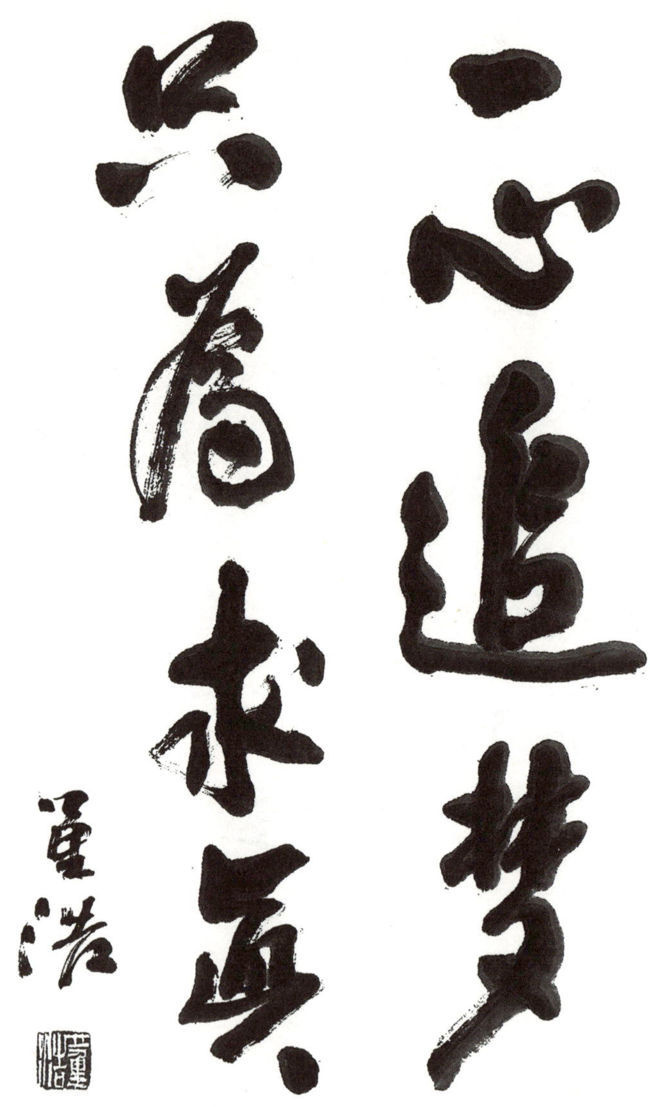

看到书稿时，正行进于"再走长征路"的报道途中，有同事感慨说，"其实在雪山草地之上、在泸定河铁索之上，压根儿就没有前行的道路，但将士们是用信念开路、用意志开路、用忠诚开路，打开了前行的道路"。在我们追梦的路上，何尝不是如此！

潘涛

中央电视台著名主持人
欢泪夏丹

每当遇到困难和挫折时，人往往会说：唉，这就是命吧！久而久之，这句话便成了停滞不前的借口和心理安慰。而这些追梦人的故事告诉我们，事情还会有另一种结果和可能。人生，也许真的没有认命这回事，只需要你的内心再坚定一些，前行的路再多迈一步。

欧阳夏丹

目录
contents

第二章

创业，闯出来的美好人生

第三章

用中国文化，传播中国梦

第四章

共同富裕，让每个人都有中国梦

第五章 生命都是应该被珍爱的

序 言

我的追梦之旅

黄 薇

《我们都是追梦人》即将出版了，遵嘱，由我来写个序。

读了书稿，我屡屡被书中文章的每一位主人公所打动，他们都是现实中活生生的英模、好人，他们的生动故事，以及他们的坚定表情、豪迈英姿，宛如一颗颗跳动的音符，跃然纸上，沁人心扉。作为与时代同行的你、我、他，相信没有人不为之动容。

我除了钦佩他们，学习他们，深感凭一己之力，很难精准地概括和评价他们，还是留给读者朋友们去各自领悟。但总要说点什么，思忖再三，就和大家谈谈心吧，说说我的“四心”，讲讲我的追梦之旅。

我学的是播音专业，从北京广播学院毕业进入央视后也一直从事着自己喜爱的播音主持工作。30余年走过来，我回想了一下，还是有一些足印的。除了较短一个时段做过儿童节目，大部分时期都是在做老年节目，《夕阳红》一直伴随着我的成长和进步。我之所以后来被评为“中国演艺界十大孝子”和“北京市十大孝星榜样”，首先就是得益于《夕阳红》节目播音主持的岗位和工作。干一行，爱一行，钻一行，是老一辈的光荣传统，我服务的老年朋友们身上，无不闪耀着爱岗敬业、无私奉献的光泽，我得天独厚地享受着他们的感染和滋养。我深爱全国的老年朋友们，一如深爱自己的父母。在众多来自服务对象的反馈中，我独独喜爱这一句：“黄薇就像老年人的贴心小棉袄。”于是，一辈子都做老年人的“贴心小棉袄”，就成了我的志向和执念。

做节目时，我一丝不苟，想尽各种办法，要让电视机前的老年朋友们开心、快乐，使他们在得到社会关爱的同时，也能获得新知识和新技能；在享有健康服务的同时，也能拥有家庭的和睦和温馨；在听到生活中排忧解难招数的时候，也能受到精神的抚慰和激励。

《夕阳红》不仅是我的本职工作，她的外延还一直伸展到了我生活的其他领域，我的业余时间，几乎都被带入了与老年人有关的情境里。每个月利用休假时间，及在各种节日，我经常要去敬老院访问，和老年朋友们共享一段时光。那里，成了我“常回家看看”的必选地。我给素昧平生的老年朋友们唱歌、跳舞，表演小魔术，跟他们聊天、拉家常，哄他们笑。我给他们送上自购的生活用品，帮他们顺利越冬、度夏。冬天，我送上棉坎肩、毛线帽、按摩锤；夏天，我送上凉席、睡衣睡裤、电蚊拍。春节到了，我把定制好的印有“健康”“长寿”字样的围巾，亲手围到老人们的脖颈上，把“黄薇祝您健康”的水杯送到老人们的手上。看着老人们爱不释手的样子，我感到内心无比的欣慰。多年来，“老人们的愉悦就是我的愉悦”，已幻化成了我的一种精神寄托。在一年之中，我大约要走访二三十个敬老院，探访大约3000余位老年人。尽管个人能力毕竟有限，但只要去做了，总会使一批老年人得到一种别样的温暖，而这是一种超乎个人想象的温暖。因为我的背后是《夕阳红》，是央视、国家电视台，我的播音主持人背景，被老年人们当作了党和政府的身影，其意义被放大到了“国家惦记”的层面，我也因此获得了更强的自信和动力：我要当好这个纽带，把无形的“国家惦记”接着做好、做下去。

我被评为“孝子”，在圈内被广称为“孝女”，当然也有自己孝敬父母的因素。工作上做好本职，靠的是爱心和恒心；生活中做个好女儿、好妻子、好母亲，靠的也是爱心和恒心。照料瘫痪父亲十一年，“无微不至”四个字，曾被医院的大夫、护士和亲朋好友们津津乐道。我的“四心”也就是从他们口里发端而来的。哪“四心”？就是“怀揣爱心，做事用心，关怀细心，事事贴心”。这“四心”是对我的嘉许和鼓励，也变成了我做人做事的尺度和目标。

当岁数过了“知天命”以后，我越发感到，一个人的经历就是他的财富，每一个经历，都是生命的赠予，把握好自己的经历，就是把握了自己的命运。不忘初心，不忘梦想，向老年朋友们学习爱人和予人，向本职工作学习本领和奉献。随便挑出《我们都是追梦人》书中任何一个故事，虽然每个人的经历不尽相同，或者说是异彩纷呈，但归纳起来看，没有一个是“虚头巴脑”光说不练的，都是脚踏实地卓有成就的；没有一个是踟蹰不前知难而退的，都是攻坚克难意志如铁的。我忽然发现，自己经历中的一些感悟和体会，自己一直坚持的理想和信念，和书中被我视为英模人物的“心灵火花”相契合了，并且发生了“碰撞”。我们都在自己的岗位上坚持着、奋斗着，不怕挫折，直面困难，努力做到最好，希望通过自己的努力让世界变得更好！我因此而兴奋不已，就像孩提时代，自己的所作所为受到大人的肯定一样。

这时，我的脑海里不禁又浮现出一句话来：“你生命中的无怨无悔，请继续！”

我们都是追梦人，新的时代，让我们不忘初心，一起追梦吧。

2019年8月于北京

第一章

用科技告诉世界，中国梦正在成真

港珠澳大桥——被称为“新世界七大奇迹”之一的跨海大桥

C919——完全自主产权的新一代大型喷气式客机

神威·太湖之光——中国自主研发的超级计算机

华龙一号——具有完整自主知识产权的中国核电品牌

太赫兹技术——改变人类社会的尖端科技之一

增程式纯电动汽车——领先世界的新能源汽车专利技术

新能源空铁试验线——世界首条，中国制造，投入运行

“百农矮抗58”——被誉为“黄淮第一麦”的杂交品种

这一项项世界领先或者中国独有的科技成就，无不体现了中国的科技实力正在飞速发展，无不表示着中国梦正在从梦变为现实。

不忘初心，方得始终。在这些伟大的科技成就背后，有着一群近乎“疯狂”的追梦人。他们把青春装进了实验室，他们把时光留在了工程地，他们把自己的科研项目当成家人去爱去呵护，他们甚至不计回报……

可是，你记得住他们的名字吗？像细数娱乐明星一样的脱口而出？让我们一起认识他们，记住这些让中国人在世界挺直腰杆，并让我们拥有美好生活的名字——苏权科、杨广文、毛庆、茹振钢、陈海昕、刘盛纲、杜炬、王凯……

我的中国梦

我的中国梦就是伶仃两岸的粤港澳大湾区，成为象征中华民族复兴的明珠。而勇创世界一流则是每一个工程建设者的自觉追求。

人生，就要不断出发
——港珠澳大桥的总工程师苏权科

700多年前，过伶仃洋时的文天祥感慨万千：人生自古谁无死，留取丹心照汗青。时至今日，依旧慷慨激昂。如今伶仃洋上依旧烟波浩渺，但却有一条跨海“巨龙”横空出世，它东接香港，西接珠海、澳门，既是世界上最长的跨海大桥，也是中国交通史上技术最复杂、建设要求及标准最高的工程之一，它就是港珠澳大桥！

为什么要建这么一座桥？

1840年鸦片战争，英国人就是从伶仃洋上打进来的，所以在这里，中国人一定要建一座争气的桥，一座在世界上拿得出手的世界一流的桥！

“怎么才是世界一流的桥梁？”这个问题在一个人心中，不止思考了14年。

这个人就是苏权科，是“新世界七大奇迹”之一——港珠澳大桥的总工程师。

苏权科，教授级高级工程师，中央电视台“2017年度科技创新人物”。

死磕难题，才创造了震惊世界的奇迹

人的一生，总不免遇到很多困难，很多人选择了“看开”和“放下”，于是绕道而走，困难还是困难，只不过不去面对它而已。然而，不是所有的困难都可以逃避，尤其是关系国计民生的事业，尤其是关乎国家形象和提升国家竞争力的努力，在这些事情面前，所有的“看开”和“放下”都是不负责任的逃避。我们唯一能做的，就是迎难而上，无论困难有多大，都必须攻克，都必须成功，必须有这种死磕的精神。

我叫苏权科，是一名桥梁工程师，也是世界上最长的跨海大桥——港珠澳大桥主体工程的总工程师。我和我的团队用了近14年的时间，在祖国南端的伶仃洋上修建了一座被称作“新世界七大奇迹之一”的大桥。

港珠澳大桥的建成，让天堑变通途，实现了中国人民翘首以盼的跨海梦。为了圆这个梦，14年的时间艰难又漫长，在没有设计方法，没有施工标准，没有施工装备的情况下，我们凭借对祖国桥梁事业的热爱和建设超级工程的梦想，坚持自主创新，整合全球资源，践行了历史赋予我们的重要使命。我作为这项超级工程的建设者感到光荣和自豪，也为我们是中国梦的一部分感到光荣和自豪。

2003年年底，有一个电话打来问：“你是苏权科吗？”我说是。他说香港、广东、澳门三地政府要建一座跨伶仃洋的大桥，叫港珠澳大桥，经过推荐和考核准备聘任你担任这个项目的技术总负责人，你愿不愿意干？

我就想，修了这么多年桥，中国桥梁事业的发展有好有坏，我们的成就、存在的问题我都很清楚。而且广东经济比较发达，香港、澳门的经济也很发达，我们也有这么多年修路修桥积累的经验，国家也改革开放40年了，有一定的能力了，我们在这个地方能修一座好桥，修一座在世界上有名的桥，这是多好的事情！所以我很快就答应了。

但是去实地一看，才发现实现起来很困难，难到什么程度呢？难到我们自己都怀疑是不是能把它建成。不仅我们怀疑，好多人也是捏了一把汗。你这个桥到底能不能建成，外国人也怀疑。因为伶仃洋从虎门口到我们建桥位的大屿山，有70多公里。在此之前这里没有建过任何跨海工程，也就没有任何相关资料。所以，得从最基础的开始做，要收集很多基础资料来推算它是否可行，天气、地质情况到底有多恶劣，情况到底有多复杂，对这些恶劣而复杂的状况有了充分的了解，才能有针对性地解决这些难题。所以，准备必须要万全，差一点都不行。我们预先想到了各种各样的问题，并做了严谨的针对性的处理。

第一个问题就是装备问题，水下挖掘装备，处理地基的装备，还有整平的设备，我们都没有。有些国家有，只是那些国家不给我们用，但是去看一看也有启发收获，所以我们就派人过去看看。第一次我们去的那批人没看到，对方不带你去看。于是只好又去一次，这次也仅仅是离了上百米，照了几张照片就回来了。我们就拿着这个照片自己做研发，除了我所在的团队，我们还组织了国内好几家厂的科研单位来做研究，做研发，一个机构一个机构、一个系统一个系统来研究，花了一年半的时间终于把这些装备做出来了，做出来就刚好用到我们的工地上。如果当时我们要买国外设备，一年半的时间也到不了手，价钱还非常贵。而且就算买来了，万一在我们这里不实用，因为自己没有相关技术，不够了解，那么想自己改一下也改不成。所以我们自己研发了以后，碰到不同的地质情况我们马上就能因地制宜地进行改造，这就是自有技术最大的好处之一。

港珠澳大桥的建成可以说增强了我们的民族自豪感，也让中国在世界上有了更多的发言权，中国模式也在逐渐地走向世界。这也证明我们有能力攻克很多人认为中国人攻克不了的难题，只要不在遇到问题时就选择“看开”“放下”，而是认真想办法，有死磕的精神，很多所谓办不到的事，也许就能办到。

第二个问题就是要在水底下40多米深的地方建一条6千米长的隧道。隧道由33个箱子组成，每个箱子180米长，38米宽，11.4米高，重7.6万吨。辽宁号航空母舰重7.2万吨，也就是说像一个大型航空母舰这么重的东西，要在工厂里把它预制好了以后拖下来，放在海底下挖好的槽子里，然后对接，不能错台，不能变形，也不能漏水。由于隧道是深埋的，以后荷载不同或者是遇到地震和其他情况的时候，发生错台或者漏水的风险很大。目前国际上也没有这种隧道的计算方法、设计方法和施工标准。等这个隧道快建成的时候，香港桥梁专家也来看了。他看的时候，跟我们一起走，走到隧道口外面他就拿出了一套雨衣、雨鞋、雨帽要穿戴上。我说你怎么要穿雨衣，他说进隧道都要的，国际上进隧道的标配，我们进隧道都要穿雨衣、戴雨帽，里面肯定有泥、有水。我说不用了，你不用穿这个。他不相信，往前走，走进去一看里边干干净净连一片泥巴、一摊水都没有，所以他就说这么难的隧道你们把它建成了，而且还建得这么好。这个香港桥梁专家终于对我们建桥人表示了肯定。这是我这辈子非常自豪的一件事，虽然这与我最初的梦想有所不同。

人生，就要不断出发

我从小在农村生活长大，因为那个时候，生活条件很困难，所以我在比较小的时候就已经算家里的半个劳动力了，经常跟着家人去地里干活。农村的农活很累，累到什么程度呢？曾经有一次，因为前一天晚上收麦子，第二天我在高考的考场上睡着了。

记得那是1978年，当时我在上高中一年级，学校的老师在高一选了十个人，说你们跟着毕业班去参加高考锻炼锻炼。在高考前一天，家里那些麦子没收完，一直搞到很晚。第二天早上，我又起得很早，到外面田边再看看书，当时还借了一块手表，因为戴手表不习惯，看书看得入迷，结果把时间搞错了，差一点儿把高考耽误了。当时我急急忙忙跑到考场，考的是数学，答到一半的时候，就不知道怎么睡在考场上了。结果不知道过了多久，监考老师把我拍醒，说有你这样的吗，高考还睡着？虽然数学比较擅长，但我想这下可能考不上了，很沮丧，结果最后成绩出来，我还是考上了大学。

我比较心仪的专业一直是西北工业大学的空气动力学专业，飞机系就是报这个专业，但是因为成绩差一分，没有过分数线。七年以后我考研究生，这时候还不死心，还想学飞机制造和飞机设计，又报考了西北工业大学。但是那年这个专业只招两个人，我考了第三名，就差一名，又没有被录取。

我想学飞机的这个愿望看来就没办法实现了，最后因为西安公路学院的公路桥梁隧道专业没招满，所以老师帮忙给调剂到那里，我就成了公路桥梁隧道专业的研究生。对于这个结果，大家都有点儿为我可惜，为我不值。因为一方面是没有上到自己心仪的专业，一方面是大家都觉得修个马路还要读研究生吗——就是认为学这个专业没什么用。

看来是命里注定，我没办法去搞飞机了，所以只能修马路。这一修就修了30多年，这30多年里，我从陕南的汉江大桥到广东汕头的海湾大桥，广东的镇海湾大桥，福建厦门的海沧大桥，一直修到港珠澳大桥。也就是说从最一般的普通桥梁修到世界上最长的一个跨海大桥，港珠澳大桥已经全面贯通了。

有我们这样的历练和这样的积累，世界上再难的跨海工程，如果再去建的话，我们都有底气了。另外，港珠澳大桥的建成，也给“一带一路”的建设提供了很好的基础，我想我们中国变成世界桥梁强国的梦想一定能够实现。

人生，就要不断出发。从做飞机的梦想，转到修路建桥，从建普通桥梁到建港珠澳大桥，每一次出发，都是一次新的开始。每一次开始，都有更多更大的困难。但这正是中国梦从梦想到成真的过程。正是有无数这样的怀揣中国梦的建设者，才让中国一步一步脚踏实地地逐渐梦想成真。

我的中国梦

假如人生能圆我一个梦，我的这个梦，就是让中国站在世界高性能计算领域之巅；这也是所有像我一样的超算人共同的梦："超算梦"助力"中国梦"！

用"中国芯"实现中国心
——国家超级计算机核心专家杨广文

超级计算机被誉为计算机界"皇冠上的明珠"，是现代科学技术的大脑，在这个强调计算力的时代举足轻重。"天河二号"连续6次夺得世界第一，紧随其后，以中国芯搭建的超级计算机"神威·太湖之光"于2016年6月夺得全球超级计算机500强榜单之首并连续4次卫冕，实现了中国超级计算机在世界500强的排名中10次蝉联世界冠军。

中国梦，从科学开始，从"中国芯"开始。

杨广文，清华大学计算机系教授，国家超级计算无锡中心主任。带领清华师生负责“神威·太湖之光”运行维护及技术支持工作，带领团队入围国际高性能计算应用最高奖——戈登·贝尔奖，打破该奖设立30多年来中国零入围记录。

在超算领域，再不会有“玻璃房子”的故事

我是杨广文，清华大学计算机系教授，国家超级计算无锡中心主任。

20世纪90年代，我国曾花费巨资购买了一台国外的大型计算机。可是没承想，后期的集成与维护费用太高。更过分的是对方附加了让中国超算人无法接受的屈辱条件：为防止机器核心技术外泄及开展其他应用研究，计算机机房采用全透明的玻璃墙壁。致使操作人员的一举一动都受到严密的监控。

为了彻底拆除“玻璃房子”，研发出完全拥有自主知识产权的超级计算机，中国超算技术研发从此走上了一条艰苦卓绝的自主突围之路。

2016年6月20日是中国超算史上雪耻的里程碑的一天：“神威·太湖之光”打破了中国不能自主研发芯片的魔咒，以包括零部件在内的全部国产化的技术站到世界超算最高位置，彻底击碎了“玻璃房子”。随着国家综合实力的增强，科学技术投入力度的加大，“玻

璃房子”会在其他领域里逐渐退出。

有人说2016年是中国的超算年：中国自主研发的全国产超级计算机“神威·太湖之光”再次拿下了世界第一，同时其应用成果摘下了应用领域世界最高奖——戈登·贝尔奖。

计算和理论研究、科学实验是人类探索未知世界的三大科学手段。超级计算机系统是各国科技竞争力和综合国力的重要标志，也是世界高科技技术领域的一个战略制高点，被称为国之重器。

实际上，我国从20世纪60年代起，就开始持续不断地探索超级计算机的研发。但是超级计算机及应用研发一直受到一些发达国家的技术封锁。利用我们自己所拥有的技术去研制超级计算机并开展应用，实际上极为艰难坎坷。

长达几代人的努力、几十年的积累，特别是在2000年后，国家863计划持续支持研发出一系列具有世界先进水平的超级计算机。

从2013年到2015年，“天河二号”连续获得全球超级计算机500强榜单六连冠，这也标志着我国超级计算机的研发能力已经开始站在世界前列。

2015年，美国突然宣布对我国禁售英特尔高性能芯片，企图阻碍我国超级计算机的发展。这就意味着超级计算机没有了芯片，就像人没有了心脏，也就是中国在这个领域失去了竞争力。

此时，没有人知道，我国自主研发的“申威26010”芯片，已经悄悄地完成了性能测算，正在等待爆发的一刻！

“申威26010”芯片是我们自主研发设计的，而且打造出的是一个国人引以为荣的芯片。实际上我国很早以前就开始支持这个芯片研发，特别得到我国核高基重大专项的大力支持。外国可以控制、限制我们使用或购买高性能芯片，但是不能限制、控制我们自主研发。从原子弹到氢弹，我们就早已证明了，中国人决定干的事，一定能干成。这一次，我们也一定会研制出属于我们自己的芯片。

2016年6月20日，完全由我国自主研发的“神威·太湖之光”超级计算机正式发布！这个“超级”计算机的运算速度是每秒钟12.5亿亿次，即一分钟的计算能力相当于全球72亿人同时用计算器不间断计算32年。它不仅采用了国产的零部件，连它的心脏也是一颗“中国芯”。就是这枚小小的芯片，能让计算快到了令人咋舌的程度，它的计算能力相当于2000年世界最快的超级计算机计算能力的3倍。“神威·太湖之光”有4万颗这样的芯，一颗芯有260个核，4万颗芯就有1000多万个核。让1000多万个计算核共同完成一项重要计算任务，其管理工作难以想象。

这台“神机”诞生于国家并行计算机技术研究中心的科研人员的手中。没有他们的最强大脑和工匠精神，没有他们执着的专业精神和爱国情怀，这款芯片及这台傲视群雄的超算还要迟到许多时日。

不懈追求，让超级计算机拥有“中国芯”

受江苏省无锡市的邀请，清华大学委派我带领清华的师生奔赴无锡，负责管理国家超级计算无锡中心，支持“神威·太湖之光”运行维护及技术支持工作。

“神威·太湖之光”超级计算机从2015年7月份开始安装。当时的无锡正值酷暑难耐的桑拿天。我们清华师生突击队配合当地的技术人员先行到位，边建设边安装，对机器进行调试及应用移植优化工作。最为悲催的是，整个机房竟然来不及安装空调！可以想象出那个画面：有的穿背心、短裤，有的脚踏拖鞋，有的光着脚板，还有的甚至中暑。只有这时你才会理解什么是闷得喘不过气，什么是挥汗如雨，什么是轻伤不下火线。但始终如一的是夜晚通明的灯光……毕竟体力抗不过天气，每20天换岗一次，休整一周以保持战斗力。进入冬季，没有暖气对于北方孩子来说日子也不好过。年轻人抱着革命的浪漫主义情怀，幽默地编了个顺口溜：“冬天冷得手发麻，夏天天天蒸桑拿。”

现在我面临的最大的挑战是如何对得起国家这么大的资金投入，对得起研制科学家的努力，让国之重器发挥得淋漓尽致。

戈登·贝尔奖是国际高性能计算应用最高奖，它标志着世界最高应用水平。该奖设立30多年来，中国从未入围过榜单。有不少质疑的声音，认为中国的超算事倍功半；而专业人员也把它当成是风向标，是我们的梦想。

值得欣慰的是，在“神威·太湖之光”获得首次世界排名第一之时，戈登·贝尔奖的6项入围中，我们占据了半壁江山。这3项都是全机应用，并且最终登上了世界最高领奖台，完成了计算机人几十年梦寐以求的梦想，被称之为划时代的事件。它标志着超算开始在各个领域都能大展身手，大放异彩。

更令人欣慰的是，我们的在读学子在一线经受住了考验，年纪轻轻就投入到了国家亟须的大项目中来，解决国家大问题，后生可畏。

更加令人欣慰的是，我们运维团队及应用团队一系列突破性的应用成果不断出炉。截止到2018年底，支持了气象气候、生命科学、材料基因组、海洋科学、天体物理、地球物理等多个领域上百项重大应用的计算工作，共完成22项全机应用的移植优化与计算任务，取得了一些世界级的应用成果。基于“神威·太湖之光”的6项应用成果入围戈登·贝尔奖，其中2项应用成果获奖。

今天当我们再次唱起《我的中国心》时，它不仅仅是耳熟能详的旋律，对我们超算人更是一颗中国“芯”，是一代又一代、一批又一批的中国科研人员通过自己不懈的追求、努力和付出，在向世界证明着我们的实力和能量，也在向世界展示着中国发展的速度和自信！

“中国芯”的突破，也是“中国心”的证明。我们撸起袖子加油干，用“中国芯”构建世界领先的超级计算机来算出更多世界级的科学与应用成果。

我的中国梦

我的中国梦，是把诞生在一带一路起点的中国的“华龙一号”建设到一带一路的终点欧洲去。期望能在退休前看到中国自己的核电技术在英国和欧洲开工建设，而这也可能是我们这些背井离乡到英国工作的同事们共同的梦吧。

挑战最高标准，有实力就有底气
——中国核电专家毛庆

怕输，就一定会输，想赢，才有可能赢。

我们做，就是冲着最高标准去做的。有实力才有底气，国家如此，科研人员也应该如此。

他才四十几岁，却已经获得了五次国防科技进步奖；他是中广核反应堆结构力学首席专家，核工业勘察设计大师，全国优秀科技工作者；他参与研发的“华龙一号”核电技术是“一带一路”上的国家名片。他带领团队正在开展“华龙一号”英国GDA审查和欧洲EUR审查，把“华龙一号”推广到欧洲，成为中国实力在国外最好的证明之一。他就是中国核电人毛庆。

毛庆，“华龙一号”英国GDA项目首席技术官，中国核电专家。

有实力就有底气

你有多少实力，就有多少底气。一个人如此，一个国家更是如此。

我们经历过弱国无外交的时代，所以，我们一代又一代的人，都在尽自己的一份力，让中国尽快变强，现在，中国的底气正在越来越足，中国的全面强大，也不远了。

我是毛庆，“华龙一号”英国GDA项目首席技术官。

从引进大亚湾核电站开始，中广核人就梦想有一天能自己设计、建造核电站。“华龙一号”是完全由我国自主设计的三代核电技术，是核电人实现梦想的载体。“华龙一号”国内示范项目已在广西防城港开工建设，在海外，“华龙一号”英国版已进入英国通用设计审查（GDA）第三阶段，“华龙一号”在英国的核电项目BRB厂址开发也已正式开张；“华龙一号”欧洲版的欧洲用户要求审查（EUR）进展顺利，已提前进入第三阶段，为“华龙一号”进入欧洲核电市场提供了重要技术保障。

核电站的设计建造是一个极其复杂的系统工程，而设计建造具有世界先进水平的中国自主的第三代核电站是中国核电人的梦想。

复杂庞大的“华龙一号”核电工程，三百多个系统、数万台设备、数十万的设计图纸和文件，每更改一个数据，就会牵一发而动全身，都可能意味着需要重新进行一轮分析计算。反复试验、反复讨论，一切都是为了核安全。

我们按照最高的核安全要求来设计和建造“华龙一号”，我们正在把核电的中国技术、中国装备、中国资金和中国服务带到欧洲，作为“华龙一号”的设计者，我很骄傲。

我现在从事的工作，是推动我们中国自主研发的第三代核电技术“华龙一号”出口英国，说到中国核电技术走出去，来谈一谈我们在英国遭遇的挑战吧——

“华龙一号”在中国通过了国家核安全局的核安全审评，也在我们国家开工建设。也许大家会觉得走到英国稍微做一下调整，就可以通过了吧？可是为什么到了英国还会这么难？

中美法等国的核安全审评，有一个确定的标准要求，通俗地讲，核安全局给你设了一个标杆，就像跳高一样的，你只要跳过这个高度，恭喜你，你合格了。英国的核安全审评理念非常特殊，它没有确定的标准要求，也就是说它没有标杆。你说我已经跳过了中国核安全局给我设置的这个标杆，英国核安全局说这还不够好，你试试看看能不能跳得更高，直到你证明竭尽你所能不能再高了才算满足要求。之前我看到华为开拓国际市场的一个片子说，没有标准就意味着最高的标准。

一提到“华龙一号”的时候大家都会觉得特别骄傲，因为这是我们中国自主研发的拥有完整知识产权的技术理念。核电事业在这些年一方面由于成了国家名片，在走出去的大潮中非常火热；另外一方面又由于福岛核事故核安全备受关注，这一半是海水，一半是火焰。

责任就是担当

我自己并不是从小立下了所谓的远大目标，通过艰苦的努力实现理想这么一种传统的套路，而是误打误撞地入行。我小时候非常喜欢生物和天文，但是眼睛是严重的色弱看不了PH试纸，又是高度近视看不了天文望远镜，所以跟生物和天文这两个专业也就没有缘分了，最终阴差阳错地选了一个比较理论化的力学专业。

我第一次参加核电设计，还记得当时我们的设计部门并没有力学这个专业，所以我和我的同事一起创建了力学室，从零开始培养我们的专业能力。我们的核电项目的总设计师并不是我们这个专业的，他跟我讲：“毛庆你很年轻，但是力学专业你是专家，那么力学的事情你说了算，如果出了事情我来负责。”我当时对谁来负责这个事情没有什么概念，但是后来我才发现这个不是说着玩的。

有一次我们承担的核电厂的设计在给国外设备供应商提供接口参数的时候，出现错误导致了严重的后果，供应商索赔业主的进度受到严重影响。业主一定要追查处分责任人，我们的总工程师说："这件事情我们设计院会非常严肃地去反思，以保证将来不会再犯，但是说到责任处分就处分我一个人好了，因为我作为总工程师我承担全部的责任。"

我经常会跟我同事讲，我们的总工程师教过我一个词"责任"，责任就是担当。我们的事业需要我们每一个人把核安全的责任担在我们的肩上，这样我们的核安全才会有保障。

那么随着我们"一带一路"走到其他的国家，我相信经过没有标杆的最高标准摔打出来的"华龙一号"，会有更强大的生命力。

愿中国科技走向世界，愿中国实力造福世界。这是大国的底气，更是大国的担当。

我的中国梦

我要让黄色的土地受孕于蓝色的天空，产生出绿色的生命；我要让绿色的生命茁壮成长，生产出很多、很优、很美味的粮食，装满祖国的座座粮仓！中国梦我的梦，我为家国保粮安！

愿全世界人民都能吃饱吃好
——杂交小麦培育专家茹振钢

民以食为天，吃饭问题，不仅是中国人最关心的问题，也是全世界人民最关心的问题。任何解决吃饭问题的人，都是全人类的英雄。

他和袁隆平一样，为中国和世界的吃饭问题在尽心研究，他被称为“麦田战狼”，他用“战狼”那种拼搏精神和不怕艰险困苦的意志，致力于让全世界人民都能吃饱吃好，因为他觉得这是最幸福的事。

茹振钢，河南省小麦抗病虫育种首席专家，河南省小麦技术产业体系岗位专家，数十年如一日地进行农业尖端科研探索。

麦田“战狼”和小麦的恋爱史

有人称我是麦田里的“战狼”，因为我说过，一粒种子可以改变世界！

我是研究小麦的，有人测算咱们中国人吃的馒头，每8个中就有一个是我的品种。我们国家的小麦种植区有十分之一的种子，来自我的实验室。

我叫茹振钢，来自河南科技学院。

我这个研究离不开农民群众，和他们打交道30多年了，他们称呼我为“麦爸”“粮财神”。无论叫什么，我都爱听，我认为这就是对我的工作的一种认可。我感到特别自豪，因为我从事的是我们国家13亿多人口赖以生存的粮食作物研究。我希望通过我们的努力让农民朋友越来越觉得种地是一件幸福的事，是一件享受的事。

我是1958年出生的，出生在一个农民家庭里，也正是这样，奶奶经常跟我讲：“1942年河南遭了特大饥荒，旱灾和蝗灾造成粮田颗粒无收，灾民遍野。”我的一个未曾谋面的三岁的哥哥就是在那时被饿死的，临死的时候手里还牢牢攥着几粒怎么都嚼不动的玉米粒……

这件事成了我奶奶挥之不去的一个痛，也成了我心中很长一段时间都解不开的一个结。

我们国家那么多的土地，为什么不能多打出点粮食出来？我们的小麦长的苗子有时会被风刮倒，有时会被水淹死、被旱死、被冻死，这样的情景啥时候能够改变？

1978年我考上了一所农业院校，家里的人都说咱们家祖祖辈辈都是种粮食的，都是搞农业的，你好不容易上了大学，进了大城市又搞起种地来了。家人很不理解，同学们也很不理解。我陷入了挣扎、困惑的状态。这个时候，我的班主任高老师给我鼓励说："振钢，你如果让中国人都吃饱饭了，就是对国家做出了最大的贡献。"高老师对我的鼓励让我毅然决然地走上了农业科研这一条道路。

1997年，河南省启动了小麦育种重大科技专项项目，把我推选为首席专家，我深感责任重大。于是我对成千上万份的材料认真研究，终于在2002年育成了一个长得非常好，杆子又矮又抗倒，穗子又多，品质还好的这么一个品种。

老百姓看了特高兴，我看了也很高兴，农民朋友赞不绝口的那个状态给了我巨大的鼓励。

黄光正教授常常教导我："搞科研的人得有点儿牺牲精神，得有点'傻子精神'。"这种"傻子精神"，这种执着精神，让我培育出了"矮抗58"，培育出了更高产更优质的"百农4199"，培育出了杂交小麦，让我在科研的道路上越走越远。

我这一辈子都交给了小麦，小麦就像我的恋人一样，一时一刻都不想分开。想想也觉得挺好玩的，吃肉的"战狼"与"素食"小麦结下了终生的不解之缘。

我的梦想就是让杂交小麦尽快走向生产，不仅造福中国人民，甚至要造福世界人民。我的中国梦很简单，就是让所有人都能吃饱饭，吃好饭。

我的中国梦

对我来说，中国梦，和自己的梦想十分契合。实现了自己的梦想，也就成就了自己那份中国梦。

我30多年没哭过了
——中国大型客机设计参与者陈海昕

古人说：男儿有泪不轻弹，只因未到伤心处。

其实很多人的落泪，并不是因为多愁善感，更不是失意落魄，因为还有很多事会让我们喜极而泣。

“当看到C919飞机优雅而又干脆利落地离开地面冲入云端，在欢呼的人群中我忍不住哭出了声，我少说有30多年没哭过了，哭得一定很难看。”

陈海昕哭了，但这不是失败者的泪水，而是成功者的喜悦。作为一名中国科研人员，他能深刻体会到核心技术被国外封锁的无奈，也就更能感受这种成功后的痛快。

陈海昕，国产大型喷气式客机C919的科研人员，机翼设计参与者。当他看到自己参与设计的大型喷气式客机C919成功首飞时，忍不住热泪盈眶。

疯狂地迷上了飞机

我是陈海昕，是清华大学航天航空学院的教师，也是国产大型C919客机的航空科研人员。

我们为C919并肩作战了近10年，历经5轮设计，尝试了5000多副机翼方案，最终成功地完成了C919飞机的超临界机翼设计和机翼发动机的集成设计。

2017年5月5日14点，我国具有完全自主产权的新一代大型客机C919首次飞行成功！这满载祖国人民期许翱翔蓝天的历史性一刻，标志着我国高端装备制造发展到了一个全新的高度。

说起对飞机的迷恋，大概是上初中的时候，我就疯狂地迷上了飞机，家里墙上贴的都是飞机的画儿，书上、本子上凡是空白的地方都被我画上了飞机。记得当时的热点是迪克·鲁坦驾驶他弟弟伯特·鲁坦设计的“旅行者”号飞机完成了环球飞行。我当时内心是既激动又有点难过，因为我戴眼镜了，开不了飞机了，看来只能设计飞机了。

此后的很多年，我都围绕着我的飞机梦做出了很直接的选择。

1991年我参加高考，我学习成绩很好，当时是我们整个市的第一名，班主任建议我报清华，可我查了半天，清华没有航空专业。我就果断报了西北工业大学，因为它有个系名字够简单够直接，就叫飞机系。

25岁那年，我在西北工业大学读完了博士，毕业后到清华读博士后，两年后我留在清华工程力学系当了老师。虽然周围人很羡慕我的工作，但是在我心里，似乎离我设计飞机的梦想越走越远了。那时候我几乎每天都在思考，在清华，在力学系该怎么做才能延续我的飞机梦？

后来我带清华航模队筹建清华航空创新实践基地，开设航空概论课，教空气动力学，做飞机的科研项目……功夫不负有心人，2004年清华工程力学系果然变成了现在的清华航天航空学院！清华有了学飞机的学生，我也真正成了教飞机的陈老师。即便如此，仍然觉得自己好像还是差那么点意思。

很偶然的一次机会，我正在法国出差，一个来自国内的电话催促我马上到上海报到，加入大型客机联合工程队，参加C919飞机的设计工作。

当接到电话的一瞬间，我简直是心潮澎湃啊。我在北京落地，和老婆孩子还有从陕西刚到北京来看我的妈妈在机场见了个面，我们互相换了个行李，也就是我把脏衣服给她们，把干净衣服接过来，就直接转机去上海了。

一路上一直很激动，因为设计飞机的机会终于来了。那时候觉得自己像个小孩子，得到了自己心爱的玩具。而这个“心爱的玩具”对我来说等得好不容易，2008年终于等到了。

到了上海，我进入了联合工程队，主要是参加超临界机翼的设计工作。机翼设计是飞机设计的一个重头戏，也是气动设计的开头炮，所以当时的重心都在那里。

这么重的任务和核心的技术在我们手里，我们其实压力也很大。C919的设计，我们这群人并没有百分百的把握，因为中国的民机失败了很多次。我记得很深刻的是，我小学刚接触航空时，听说了运-10客机的下马；我读本科时，听西工大老师们谈及与联邦德国合作开展MPC-75项目，该项目最终以失败告终；我读硕士时，与美国合作的MD-82、MD-90项目骤然中止；我读博士时，导师的课题组参与了AE100项目，我的师兄废寝忘食调程序，后来直至胃穿孔做手术，可是项目前前后后与韩国、日本、新加坡、美国、法国、意大利、英国等一众国家合作之后，结果却是不了了之。博士后期间我参与了一点点ARJ-21的工作，它首飞的时候我正好在上海，看到中国商飞设计师们和工人们纷纷相拥而泣，我亲身体会了中国人搞民机的艰难和苦楚，屡战屡败，屡败屡战。从参与C919的工作以来，一直有人问我，它到底能不能成功？我说，C919飞机没有能不能成功的问题，它必须成功。到了C919，我真的觉得没有退路了！

男儿有泪不轻弹，只因未到开心处

在质疑中坚守，内心压力是很大的，尤其是刚开始，我们就遇到了困难——

搞科研是需要有自己的一套熟悉的设备和软件的，我离开自己的一亩三分地，文献资料、计算设备、软件工具都不顺手，后来索性就把清华的工作站搬了几台到上海。工具顺手了，我们就真的是没日没夜地研究，后来甚至索性带着干粮长期泡在机房。

用了一个月的时间，第一个方案诞生了。我们真的是兴高采烈，感觉和教科书里的很一致。但拿给老前辈看，他看了一眼就说："显然不行，肯定不行，一看就不行。"我们设计的这个方案成了当时的"三不行"。

后来经过学习，发现的确水很深，感觉靠老套路完全无法取得胜利，于是我们想了个办法。因为之前的设计都是需要人一点点去调，然后用计算机测算性能好不好，不好再继续调。就像雕刻一个艺术品，真是一下一下地去做，不小心错划了一下，全盘皆输。这样我们觉得一个是时间太慢，再一个就是调着调着前面犯过的错误忘了，又循环回去了。后来我们决定，采用当时别人还不敢用的办法来做，就是编程序让计算机来调。当时很多人都表示怀疑，因为我们用的两种方法都不成熟，计算量也非常大，而且计算机做出来的东西大家都表示也就那么回事吧。计算机毕竟不是人，干活很机械，达不到人的要求。我们就想办法把人的要求一点点翻译给计算机，调得就越来越好。就像教育孩子一样，要求得太少，他可能会有各种毛病；要求得太多，孩子也很难给你惊喜。我们就仔细研究如何要求计算机，给它多大的自由空间。当时我们参加机翼设计的人员组成了四个团队，经历了五轮设计，每轮设计需要半年多的时间，到最后我们已经尝试了5000多副机翼方案。

后来联合工程队解散之后，我们被要求继续参与机翼设计工作，北京、上海两地往返奔波，最多的时候我一个月飞了12次。经过了大量计算机仿真和风洞实验，最后正是我们采用的方法，给了让我们惊喜的设计。它成功地完成了C919飞机的超临界机翼设计和机翼/发动机的集成设计。

2012年，机翼设计工作终于告一段落。受中国商飞的邀请，我和团队成员一起到荷兰阿姆斯特丹见证C919飞机最终设计方案的风洞试验。当测试结果显示和我们的设计完全吻合，完全达到预计性能指标的时候，我们既兴奋，又惴惴不安。兴奋的是，C919飞机可以在这个气动外形下进一步开展后续的研发工作；惴惴不安的是，实验和计算也只能考察到这里了，我们的设计到底成不成功，就只能等到飞机飞起来再看了。

2017年5月5号，作为清华观礼团的成员，我在现场见证了C919飞机的首飞。天舟飞天，航母下水，大客腾空，几乎在半个月之内有这么多国之重器取得突破！

无数科研人员倾尽全力投入其中，作为其中一员，我感觉自豪和荣耀。

飞机落地后，我在朋友圈里说我踏踏实实地哭了一场，那条朋友圈很快得到了很多很多回复和点赞。我觉得大家非常理解我的这种踏实的感觉，自己参与设计的飞机踏踏实实地完成了首飞，自己付出的心血踏踏实实地有了着落，自己设计飞机的梦想也将踏踏实实地得到实现。中国航空人追逐了半个世纪的大飞机梦，终于在几代航空人的努力下，开花结果了！

中国梦的实现，离不开每个人的努力

我们参与的主要是机翼设计，还有很多人负责其他部分的，如组装、试飞、测试等。国家投了这么多物力人力精力，来制造飞机，来研制它，现在它成功了，能给咱们国家带来什么样的好处呢？

好处确实太多了，以前一直有一个说法，说我们用8亿件衬衫才能够换来一架空客A380。有人做过测算，可能在未来的20多年间，我们会需要将近6000架这种C919级别的客机。那么在这6000架飞机里，如果中国一架也不能造，都得买都得租，那你可以想想我们要花多少钱？我们要做多少件衬衫？

也有人做过测算，说是C919整个带动的产业，可能往大了说，能到9000亿元人民币！这就是所谓的高端产业的优势。

我们有一个C919的模型，这个飞机的长度是38.9米，飞机的翼展就是从这个翼梢到那个翼梢，应该是34米到35米，飞机的座位我们分为三舱或者两舱，就是可以布置头等舱、布置公务舱或者经济舱。我们190座这个级别，是最大程度地发挥它的载客能力。

与它同等的737系列或者是A320系列，这样一架飞机如果卖给咱们，所谓的目录价格大概是7500万美元，折合成人民币大概将近5亿元，那咱们如果自己量产了C919大飞机，大概需要多少钱？我不知道准不准确，大概是5000万美元，差价是三分之一。因为我们的飞机从技术含量、从水平、从质量都不会比他们差。但是可能因为我们国家的人力成本，或者上游产业的一些成本会低一些，所以我们会有一定的价格优势。

那可能意味着，未来我们坐自己的C919飞机票价就会便宜很多，这也是我们大家都考虑的问题。大家都期待的事情是能够早日坐上C919。

科研是困难的，科研是艰辛的。有时我们的工作还有一定的保密，对家人也有很多的亏欠。我们工作起来，最长的时候，有一个多月没回家，这也是一个常态。

那时候我的孩子还小，有时候孩子生病了，孩子妈妈和孩子去医院，排队挂号取药缴费，心里也挺埋怨我，为什么老不回家。所以如果我回北京，我肯定会安排带孩子出去玩一玩。孩子4岁时，我有一次回家，她就扑过来抱着我的腿，我想那她会赶紧叫爸爸，说我想你……这些话。但是她很长时间一句话也说不出来，当时确实有点心酸，我也半天说不出来话，我很想孩子，她肯定也很想我……

实际上这个事情做下来，我们能够坚持下来，能够在里面投入这么多力量，内心非常感激我们的家属，还有在背后默默支持我们的人，都非常不容易。

当年我们国家研制“两弹一星”的时候，很多科研人员就像失踪了一样，没有任何音讯。

我们现在的条件比他们那时候好多了，我们众多的科研工作者，为了我们国家整体的科研进步，为了我们的社会发展，还在默默坚守着，默默奉献着。

中国梦的实现，离不开每个人的努力。作为科研人员，就是要做好自己的工作，用自己的努力告诉自己，我们都是追梦人，用自己的成果告诉世界，中国梦，正在实现。

我的中国梦

为中华民族复兴而努力就是我的中国梦！

为了民族的兴盛，我终身努力工作
——太赫兹先驱刘盛纲

“我是为了尽我的责任。

“我3岁时就因为南京大屠杀而逃难，历时8年，所经历的一切让我意识到当一个民族受到另外一个民族欺侮的时候，那不是哪一个人也不是哪个家的灾难，而是整个民族的灾难。

“只有国家强大了，民族强大了，才有家庭的生活！有国才有家！”

谈到为什么80多岁仍然在教学科研一线工作时，刘盛纲这样说，并亲笔写下：“为中华民族复兴而努力。”

刘盛纲，中国微波与真空电子学之父，在国际上被尊称为太赫兹先驱。

科技能救国，也能兴国

到现在为止我仍然坚持工作在教学和科研的一线。很多人不理解，耄耋之年为何如此执着？是什么让我潜心学术永不言弃呢？

我是刘盛纲，今年84岁。

以前，我主要从事电磁慢波结构、电子回旋受激辐射、自由电子激光、相对论电子学和等离子体物理等方面的研究。听着比较复杂，我给大家举例子说。电磁慢波结构是行波管的重要组成部分，该器件广泛应用于卫星通信等领域；电子回旋受激辐射可产生兆瓦级的辐射，可用于核聚变，将来能将海水转化为能源；自由电子激光可以用来研究分子的结构、制造定向能武器。

尽管这些研究我也没有停下，但现在我主要从事太赫兹的研究工作。太赫兹是介于微波和光波之间的电磁波，是电磁波谱中唯一待开发的频谱资源，已成为发达国家争先抢占的核心频谱资源和科学制高点。

太赫兹被美国评为“改变人类社会的十大尖端技术”之一，而日本认为它是十大技术之首，它在电子、信息、通信、生命、航天、国家安全等方面都蕴藏着巨大的应用前景。日本早已宣布2020年东京奥运会上，全部通信都用太赫兹。可以说，太赫兹是下一代电子信息产业以及其他有关产业的基础，并且在国家安全方面有非常重要的作用。

给大家举个例子，当我们的宇宙飞船穿越大气层到达距离地面80千米至90千米高度时，会产生“黑障”现象，这时返回舱与地面暂时失去联系，不管是音画、图像，还是遥测信息全部中断。这段最难熬的时间将持续三四分钟，不仅对飞船，而且对航天员的心理都是非常大的考验。因为谁也不敢保证，这和外界失去联系的几分钟里会发生什么。但是太赫兹技术的研究，就会在不久的将来解决这个问题。有人说太赫兹看不见摸不着，有那么厉害吗？举例说，大家都不希望发生恐怖事件，但是害怕是不行的，必须通过科技来保障国家，保障老百姓的安全。目前美国和日本都在研究太赫兹，因为太赫兹很神奇，你说你看不见它，但是它能够对爆炸物有非常灵敏的嗅觉，能够快速探测识别爆炸物。除此之外，太赫兹在探索宇宙的奥秘方面还有独特的用途，黑洞是广义相对论的基本预言，目前包括我国在内的多国合作拍出了第一张黑洞照片，这是科学史上的重大奇迹。这张照片正是利用工作于太赫兹频段的天文望远镜阵列拍到的。

2005年，我主持召开了第270次香山科学会议，会议的结论认为：“太赫兹既是重大的学术前沿，也是国家的重大需求。”那既然如此，我们必须加大研究、加快研究，有人说别着急慢慢来，还真不能慢啊，因为美国、日本，以及欧洲等一些发达国家都已经在加大这方面的研究，我们不能慢了啊。

我身边也有人经常问我，你80多岁了，还要到实验室里搞科研，还弄得这么忙，到底为什么？在我看来，科技救国，这是从小就刻在我脑子里的字，不敢忘记，也不能忘记。即便是在现在，也要不断加大科技研究，才能科技兴国、科技强国。党和国家近年来一直十分重视科技创新，投入了大量的财力、物力。习近平同志多次强调："新科技革命和产业变革将是最难掌控但必须面对的不确定性因素之一，抓住了就是机遇，抓不住就是挑战。""面对科技创新发展新趋势，世界主要国家都在寻找科技创新的突破口，抢占未来经济科技发展的先机。我们不能在这场科技创新的大赛场上落伍，必须迎头赶上、奋起直追、力争超越。"党和国家领导人都这么重视科技创新，我们作为科学家，就更应该紧紧抓住和用好新一轮科技革命和产业变革的机遇，不能等待、不能观望、不能懈怠。

也许说到这，我们有些年轻人还不能完全理解这个事情的重要性，那么我给大家说说我的人生经历。

我经历过南京大屠杀

1933年，我出生在安徽肥东的一个小镇。1937年，南京大屠杀，消息第二天就传到了我的家乡。那时候我3岁，我母亲就急忙带着我们逃难。我们从肥东逃到皖南，从皖南逃到江西，从江西逃到湖北，从湖北逃到湖南，从湖南逃到贵州，最后逃到重庆。那时候我还没懂事，只知道跟着妈妈赶紧跑，但是没想到，这一逃难，就逃了8年。

我的父亲那时候在安徽另一个城市蚌埠教书，根本来不及回来，也赶紧逃难。没想到最后竟在逃难路上相遇了。

逃难的路上，我的母亲好几次体力不支病倒。她拉着我说："我不能死，怎么样也要把你带到15岁。"我们本来好好一个家庭，也可以过着自己的小日子，为什么会这样颠沛流离，差点家破人亡？为了活下去，我小小年纪就和逃难的人一起砍柴，结果一刀下去把手砍伤了，我妈妈就赶紧一把把我抱起来，给我糊了纸灰止血，没想到这个疤块就一直留在我的手上。我记得特别清楚，那天，我妈妈给我买了一个鸡蛋吃，在那个时候对我们来说简直就是一个奢侈品。我都不敢想象我的母亲，已经穷成那样了，怎么去求人才买到了这一个鸡蛋。

逃亡的路上，我看到太多家庭的不幸，能活下去就是万幸。那个时候我就意识到，当一个民族受到欺侮，处在水深火热之中，一个民族的灾难就是全体人民的灾难，没有哪个家庭、哪个人可以幸免。只有国家强大了，每个家庭的生活才能安居乐业。有国才有家，经历过国难和屈辱历史的人，更能理解这句话的含义。

所以，那时候我就有一个救国强国梦。要实现这个梦想，要么从军，要么就得发奋学习，学习更多的知识。

因为我妈妈43岁才生我，我是吃米糊长大的，逃难的时候有时连米糊都吃不上，所以身体特别瘦弱。我一想我这样的身体没办法参军啊，那我就要努力学习，在科技方面能为国家做出贡献。就是这样，这一辈子，我就是搞教学和科研，我也没什么别的想法，就是希望把工作搞好，让我们的国家更好，我们的民族更强大。

我也希望年轻人能够有这样的意识和情怀，怀揣着中华民族伟大复兴的中国梦，并且努力地去实现这个梦想。青年人主要学习时间就是初中、高中、大学，“少壮不努力，老大徒伤悲”，希望我们一起努力。

任何成就的背后都是强大精神力量的支撑。科技救国是我一生的目标，科技强国是支撑我不断钻研的动力。

我也有我的榜样：“两弹一星”元勋王淦昌院士、“数学之王”苏步青教授、世界著名物理学家任之恭先生、清华大学孟昭英教授。正是受这些榜样的影响，所以我也珍惜时间。

小时候的颠沛流离激发了自己立志学习科技，但是现在很多孩子都是在蜜罐子里长大的，只有好日子，没过过苦日子，孩子们一定要奋发向上。唐朝宰相魏征曾向皇帝李世民上了《十思疏》。魏征去世之后，李世民说了这样一段话：“以铜为鉴，可正衣冠；以古为鉴，可知兴替；以人为鉴，可明得失。”我们民族是一个有五千年文明的伟大民族，我希望年轻人一定要抽时间读读我们国家的历史，从历史里得到启发收获。一个国家的人民铭记自己的历史，就不可能被消灭。

对于希望立志从事科学的年轻人，我有一句话：从事科学，最好的方法和捷径就是勤奋和努力。我今天给大家朗读一首我在2001年写的词，送给大家——

四十春秋，电讯园内，多少情结。
孤灯斗室何奈，望长空，思绪难却。
想当年师从列夫，竟只身西发。
叹茫茫学海无涯，韶华匆匆霜鬓发！
功过自古难评说，更何况书生苦求索。
看静静沙河水，默默千载天府业！
寸心未泯，犹老骥伏枥不停歇。
科学原属勤奋人，愿终身相托。

我的中国梦

中国梦实际上是由无数个梦想组成的，做大做强每一个领域是实现中国梦的本质。汽车工业是工业中的工业，做强汽车工业，实现我们中国的汽车强国梦，是中国梦的重要组成部分。

信念的力量有多大
——中国汽车工业杰出人物杜炬

信念的力量有多大？

5年时间纯人工凿穿的“郭亮洞”，10年时间开挖70多千米削平1250座山头的红旗渠，以及经过70年的努力综合国力达到世界第二的我们的国家，这些很多国家认为无法完成的奇迹，其背后都离不开信念的力量。

信念造就奇迹。中国的汽车工业落后了那么多年，还会有奇迹产生吗？

一边是汽车传统行业落后挨打的客观现状，一边是励志开创国际品牌新能源汽车的领军人，中国从汽车消费大国到技术强国的道路到底还有多远？

为车痴狂，险些为车丧命，一个怀揣信念的“汽车人”正在努力。

杜炬，致力于研发新能源汽车，他的团队为2008年北京奥运会电动汽车批量应用和国家电动汽车的发展奠定了坚实的基础，并与其他单位合作研制出增程式新能源电动客车。

电动汽车的未来一定在中国

中国的汽车产业已经发展了几十年，除了把中国发展成了世界第一大汽车消费市场之外，其他方面就有点一言难尽。21世纪，随着石油越来越紧缺，加上大气污染等问题，全世界对新能源、纯净能源汽车的需求越来越迫切了。而中国，在这个机遇面前，大有可为。

我叫杜炬，我和我的团队研发制造的增程式电动公交车，可以做到无故障运行1500千米，不依赖充电站充电。

在我有生之年，我决心靠自有技术，为国家创造一个世界级的新能源汽车品牌。我的想法很简单，就是想用一流的技术，提供清洁的动力，制造清洁的车辆，让人们都能在一个清洁的大气环境中健康生活。

我是在20世纪60年代初，出生于河南洛阳一个很偏僻很远的小山村，从上小学到上初中，就没见过汽车。

考上高中以后，在这个大门口，我看到了一辆“老解放”汽车，非常感兴趣，很兴奋，就开始爬高蹿低地去看这个车，越看越感到震撼。这个车上很多灰，后来我就用手伸着，在那车门上撸了五条印儿。到现在我也忘不了这五条印儿，脑袋里经常出现那个镜头。这个事件后来深深影响了我，让我对车着了迷，就要学汽车，然后就是争取能够在车的领域有自己的建树。

后来考上大学，学了电气自动化。毕业以后，我成立了一个进出口公司，专门从日本进口摩托车的关键零部件。当时，我们国内很大的一个摩托车厂在重庆，和日本的一个非常著名的摩托车公司搞合作。但这个日本公司，给重庆这个公司既提供设备又提供技术，但是他们给我们的图纸，有好多地方被他们做了手脚。比如说活塞环，他们把那些最关键的参数做些修改，然后让我们自己通过国内的渠道或者其他渠道，去进口零部件的时候，永远是检验不合格的，只有通过日本这个公司，提供给我们的零部件是免检的。

通过这件事，我就说我们国家发展摩托车也好，汽车也好，如果没有核心技术和这些核心技术的产品，我们永远都是被动的，被别人控制的，甚至被别人盘剥，赚取我们丰厚的利润。

后来我经常到日本去出差，一次偶然的机会，我去听了起草《京都议定书》的议员的一个讲座，讲节能减排和人类未来发展的环境要求。在这中间，我就得到了启发，我说人类未来的交通工具一定是电动汽车。

所以从那个时候开始，我就像着了迷似的把贸易全部停掉，就专心致志地开始研究，把原来做贸易赚的钱用上，在全国找一帮搞电子的、搞车辆的人，开始搞电动车的研究。

到了1999年，用了4年时间，我报了第一个发明专利，最早是叫快速充电。后来在中国香港，国家搞的一个发明博览会上得了金奖。

2003年，我们国家申请成功了2008年的夏季奥运会，也把绿色奥运、科技奥运、人文奥运作为2008年奥运的主题。电动汽车作为北京2008年奥运会的10个重大项目之一，排第二位，列入了北京奥运工程。

我当年建厂，当年投产，当年生产了31辆中巴和12米的大巴，为我们后来奥运会电动汽车的批量应用和国家电动汽车的发展，奠定了相当坚实的基础。在第16届国际电动车大会上，北京市获得了全世界3个电动车应用先进城市之一的称号，而且是整个亚洲地区唯一的。

我们的奥运会已经过去了10年，现在发展电动汽车已经成为咱们国家的一项基本国策，新能源汽车已经列为七大振兴产业之一。政府的强力推动，我国的电动汽车现在已经有了长足的发展。按2016年的统计，我们国家新能源汽车的保有量，已经差不多占了全球新能源汽车保有量的半壁江山。

习总书记在一次视察汽车工业的时候指出："发展新能源汽车是

我国从汽车大国迈向汽车强国的必由之路。”这句话，给我们中国的新能源汽车工业，特别是电动汽车工业，指明了前进的道路和方向。

2017年，增程式电动客车下线仪式在沈阳举行，这是我和几个兄弟单位联合研制的第一款增程式的新能源电动客车。它的核心优势就是用了我们自己的发明专利，我们已经把它开始规模化产业化，不远的将来，我们将会有成批的，不用依赖地面充电设施的，可以没有里程忧患的，这种新能源的电动客车为大家服务。这是我们完全自主的，靠中国自有技术研制生产的一款新能源客车！

我们国家现在已经是世界第一汽车生产大国和消费大国，我也相信在不远的将来，中国一定会成为汽车的技术大国和文化大国，我也相信一个又一个的世界级的中国的汽车品牌会诞生。

21世纪，一定是我们中国的汽车世纪。

我想在我的有生之年，用我自己和我同行们的共同努力，在国家政策的强力推动下，为中国打造出一批世界级的汽车品牌，实现我们中国的汽车梦。

磨刀石牺牲自己，把锋利赠给宝剑。说的是那些为了成就别人而甘愿默默奉献的人。纵观历史，从精卫填海、愚公移山，到越王勾践卧薪尝胆……为这些耀眼的成就奠基铺路的，是一种叫作“埋头苦干”的中国精神。

中国汽车需要进一步发展，希望未来不只是全世界的汽车企业都来中国卖车，而是中国制造的汽车卖到全世界。

我的中国梦

梦想，在脚踏实地、勤劳耕耘中启航。

向世界证明中国的实力
——中国新能源空铁总工程师王凯

在《中国制造2025》行动纲领的推动下，打着中国制造的“世界之最”不断涌现，尤其是在轨道制造交通业，除了高铁昂首走出国门，世界首列新能源空铁更是再一次向世界证明我国的实力，那么空铁的试运行真的那么顺利吗？

王凯带着他的团队，向所有关注中国新能源空铁的国内外人士证明，中国不仅能制造新能源空铁，也能保证它顺利地运行。

王凯，2017年中国新能源空铁的总工程师。他曾是一名军人，曾乘直升机首航汶川救援，后从部队转业加入轨道交通团队，经过努力成了中国新能源空铁的工程师。

摔几个跟头算什么

每个人都有自己的岗位，有时候，会有人争论某些职业对国家的贡献更大，某些职业对国家的贡献微乎其微。其实，为国家做贡献不分高低贵贱，能为国家贡献自己的一份力量，与国家共富强，就是最让人自豪的事。

我叫王凯，是2017年中国新能源空铁的总工程师，中唐空铁科技有限公司执行副总裁兼总工程师。我当了8年团长，2014年曾被授予全军优秀指挥军官，转业后，从一个轨道交通的门外汉，成了空铁工程师，并主持编制了国内首部悬挂式单轨交通技术标准。

2016年11月21日，在四川省成都市，世界上首条新能源空铁试验线全线贯通，即将进行试运行。

当时我们的心情好复杂，虽然有验算的数据支撑，虽然我们有各种数学模型的推导，虽然我们有实验室的测试结果，但是实际运行的情况到底怎样呢？当时我的那个小心脏啊，如同成都沸腾的火锅，扑腾扑腾的。果不其然，所有人上车以后，车身发生了周期性的震动，车辆在轨道上运行时发出铛铛铛的刺耳噪声，人几乎不能站立，这根本达不到咱们平稳乘坐的标准。当时就有人说，早就知道你们这个空铁不靠谱！

因为它毕竟是在空中悬挂，有很多的技术难题都是需要自己去琢磨，并没有一个什么行业标准和可以参照的东西，完全是在一个创新领域中去自己摸索。这种情况的出现，等于是各种技术、使用情况等都象征着失败的结果。当时我的火一下就上来了。

小孩子学走路还要摔几个跟头，任何事都是这个道理。

针对这次出现的问题我们立刻行动起来。测试分队在车辆和轨道上密密麻麻布满了传感器，展开望闻问切。结果出来了，各项指标表明一切正常！那么这异常震动从哪里来的呢？震动的源头在哪里呢？百思不得其解。我的这个头发本来就没几根黑的，这下基本没黑的了。

攻坚克难进入第18天，依然一筹莫展。这天中午我草草地吃完了午饭，集团办公室的美女主任在用呼啦圈健身，呼啦圈在美女主任的摆弄下，无规则地晃动，我仿佛醍醐灌顶了，会不会是车轮失圆了呢？有一首歌是怎么唱的来着："终于等到你，还好我没放弃。"低级错误啊！这种特种轮胎竟然在出厂检验时没有把好关。就这样，随后问题一个又一个得到了解决。

以前压根没想过这些新能源悬挂式单轨交通跟我自己有什么关系，但我现在却成为新能源空铁的总工程师。这是一个怎么样的跨界转变呢？

英雄不问出处

2015年之前我是个军人，在部队我当过团长，研究的都是通信技术和通信指挥。记得2008年汶川地震发生以后，我们的直升机是首航汶川。我们历经千难万险落地的那一刻，老百姓在我们周围跪满了一圈，嘴里只有这么一句话："解放军你们终于来了，我们有救了。"在那一刻我觉得我实现了作为军人为老百姓挺身而出的英雄梦。

在2015年以后，我从部队转业了，刚加入轨道交通这个团队的时候我是没有底气的。因为我几乎没有这方面的知识，实践经验几乎等于零。

想要带兵打仗，不懂排兵布阵怎么能行呢。想想以前在部队时候的赫赫功绩，转业以来所有的迷茫和不快一下就压了过来。当时的心情，真是英雄不再、今非昔比。有一天喝了点酒回家，通常我喝多了回到家里，肯定会被老婆一顿骂，说不定还要睡沙发。谁知道那天，老婆看出了我的心事，劝我实在不行就不要难为自己了，已经到了这个岁数了，又不是二十多岁的小伙子，还去拼这些新东西，你用你以前那些本事，干干你通信专业的本行也能吃个老本儿，修修手机也能挣很多钱，较这个劲干什么？

老婆这么一说一下点醒了我：空铁在轨道上跑起来是一回事，怎么能够安全地运行，怎么监控空铁的运行状况，这些都需要一整套完整的信号系统作为支撑。而这不就是我的老本行吗？咱找到了切入点啊，就这样把以前不懂的问题，从通信领域和信号领域介入，我发现其实这一切并不是那么复杂，瞬间自信心爆棚啊。

英雄不问出处，原来我转业以后还能为新能源、新科技、新生活做出贡献。

正因为有各个职业的工作者默默地努力，才会有越来越多的人相信中国梦。因为中国梦是一个脚踏实地的梦，是一个拼搏奋斗的梦，是一个有信念有信心的梦，是一个会实现的梦。

第二章

创业，闯出来的美好人生

“大众创业、万众创新”，2014年9月李克强总理在夏季达沃斯论坛上提出，要在960万平方公里土地上掀起“大众创业”“草根创业”的新浪潮，形成“万众创新”“人人创新”的新势态。

从高校辞职下海创业的依文集团董事长夏华；

从保洁女工到“网红书记”的圆方集团总裁薛荣；

靠卖饽饽年产值一千万的金麦兜食品有限公司董事长林红；

把玉米芯变废为宝的圣泉集团董事长唐一林；

帮助残疾人实现致富梦的炳良电子商务有限公司董事长孙炳良；

匍匐前行的“养牛女强人”犇犇肉牛养殖场场主潘远香；

登上联合国论坛的子言尚品家纺有限公司总经理贾培晓；

把中国吉他出口到全世界的神曲乐器制造有限公司董事长郑传玖……

一花独放不是春，百花齐放春满园。越来越多的中国人在挑战中迎机遇，在辛勤中获丰收。他们敢于改变，不服命运下海创业，为自己的梦想插上了翅膀，他们不仅实现了自己的富裕，还通过自己的创业，带动了当地产业，创造了无数就业机会，实现了共同富裕。当然，这其中也不乏智慧、谋略、成功之道。

书中我们精选这8位创业者的独特经历，愿在您的拼搏之路上，再添智慧之力。

我的中国梦

让中国的手工艺走向世界、让中国的工匠精神代代相传。

把中华文化穿在身上
——依文集团董事长夏华

美好生活，不是天上掉下来的，而是需要我们努力奋斗去争取得来的，每个人都有自己的奋斗方式，夏华，选择了创业。

她决定用她的双脚闯出自己的美好人生，她还要回到大山，带着更多的人，去闯出他们的美好人生。

夏华，毕业于中国政法大学，曾留校任教。在一次国务院科研调查中，感悟出中国男装领域的空白而毅然决然地辞职，一脚踏入服装行业。

我一定要改变命运

我叫夏华，是依文集团的董事长。

说起依文，可能很多人都知道，它是一个做服装起家的集团。很多人可能会想，今天我一定天天都可以穿新衣服，想穿什么就穿什么。但是我特别想说，少年时代的我，穿一件新衣服，是我特别大的梦想。

我出生在辽宁大连的一个农村，我家里上面有三个哥哥和一个姐姐，五个孩子里我最小。父亲有伤，是解放战争的时候，在四平战役中受伤的。父亲常给我们说那个时候子弹是后脖子打进去前脖子打出来的，就连他自己都以为他已经死了。然而后来活过来了，但父亲整个右边的身体失去了任何程度的能力，所以在我小时候，家里真正的劳动力是我妈妈。

她每天要挑水、养鸡、养猪、做饭，然后看孩子。所有的事情都是母亲来做。我那个时候觉得母亲就是我的天，只要妈在家，日子虽然贫穷但是也过得挺好的。

但是14岁那年的一个早晨，我的世界改变了。

头一天夜里妈妈说喘不上气儿，然后就拉到了医院。第二天早晨我去看母亲的时候，母亲喘气非常困难，但是母亲她依然安慰我说，没事的孩子，你就上学去吧，然后我就听妈妈的话上学去了。

在8点多钟的时候，传达室的大爷出来喊我的名字，我不知道是一种预感还是怎样，我的心就“腾”一下。传达室的大爷说，孩子你赶紧上医院，然后我就开始往我们那个地方唯一的一个卫生室跑。

一直到今天，在我印象里，我都觉得那条路是最漫长的，整整半个小时，我跑到医院见到母亲的时候，母亲已经咽气了……

母亲去世的那一天，我印象最深的是妈妈连“送老”的衣服都没准备。家里穷，然后妈妈也已经很多年都没有穿过新衣服了。在我的印象里基本上都是大哥穿完了二哥穿，二哥穿完了再改一改给三哥穿，我印象中，妈妈没有给自己做过任何一件新衣服。但是那时候我就说，妈妈走了一定得穿件新衣服走，然后我就跑到邻居家的三奶奶那儿。三奶奶已经80多了，我每次去她家玩的时候都能看见她把那个“送老”的衣服挂在墙上，都是崭新的。我说奶奶你能不能把这件衣服借给我妈妈，我希望妈妈能够穿上一件新衣服走。后来三奶奶就说好吧，说那你就拿走给你妈穿上。

那时我才14岁，我就要求三奶奶，说我能不能写一个借条，这是借你的，我们一定会还的。然后我就写了一个借条，三奶奶不会写字，然后就摁了一个手印，于是妈妈就穿着这一套三奶奶新做好的衣服走了。

一年后，我和家里人一起凑足了钱又给三奶奶做了一身衣服，去送给了三奶奶。于是我那么小的心里面就下了一个决心，我说我一定要改变命运！

于是我就努力读书，之后以辽宁省前三名的成绩考进了中国政法大学。

带着女儿去闯世界

从政法大学毕业以后，我有机会留校当了一名老师，我相信那个时候父亲是最高兴的。他经常跟邻居说，你看我女儿在政法大学，现在在那里教书了，我女儿未来教出来的都是法官，都是律师。

但是在政法大学教了不到4年的书，一个偶然的机会，我带着学生到了福建石狮泉州那一带，去看了很多改革开放初期的时候那些个体户和刚刚成长起来的企业，当时给了我特别大的触动。我去参观了几家企业，然后我发现那些企业的老板很多小学都没毕业，甚至有人没有读过书，但是他们却有勇气站出来改变命运。所以当时我看着他们那一间间的服装工厂，一间间的制鞋工厂，门口排满了那些加盟商，拿着钱等着加盟的时候。我在那一刻就下定决心——下海！经商！

这次回来我交完了调研报告，就交了辞职报告，所有的家当就是那一个小皮箱，我上大学的时候家里姐姐们传下来的一个小皮箱。我拎着我在大学里所有的衣服，就来到了西单商场的台阶上。

我不知道从哪里开始，所以我在台阶上整整坐了3天。我就数从商场里出来的人拎着的那个口袋都是什么牌子的？我相信哪个口袋拎得越多就证明哪个品牌卖得越好，我就去他们家当售货员，然后那天我就被录用了，于是我做了8个月的售货员。这8个月的售货员经历让我开始了我的服装生涯，我开始去读懂每一个客户，我基本上往柜台一站，迎面走来的人，基本上八九不离十能猜出他是干吗的，他大概什么职业背景，他是个公务员还是个大学老师，还是企业家，还是自由职业者。

我站柜台的那个位置冲着楼梯口，我每天就瞄着楼梯口上来的那个人。他会不会往这个方向走？他走到了这个方向以后会看哪件衣服？然后我上去第一句话怎么跟他搭讪他才能感兴趣？最后怎么才能让他买了这件衣服？所以那个时候我经常开玩笑，我说原来我在政法大学学了那么多年的犯罪心理学，今天在消费心理学上用上了。

8个月的站柜台让我真正读懂了市场。1994年的时候，所有的男装都是灰蓝黑，放在柜台上的时候大家很难辨认。我是一个爱学习的人，我老看国外的画报，国外画报上登的都是那些小格子的、彩色的、很靓丽的西装，我就去问我站柜台的店老板，我说我们为什么不可以做点这样的衣服，跟别人的不一样？那消费者来了不一眼就看上了吗？然后他赶紧摆摆手，说这个不敢，这个做出来谁敢穿啊，还是卖这个一样的，安全。

后来我就决定自己单干，我说能不能咱们20根杆，你拿出4根杆给我，我做这样的衣服来卖，我卖亏了算我的，如果赚钱了咱俩分。然后他犹豫了几分钟以后，他觉得也行，可以试试，于是我就拥有了第一个4根杆的柜台。那个时候1根杆最多卖过100多件衣服。

到1999年的时候，我第一次登上了领奖台。那个时候我是男装西装的销售冠军，但是创业的过程里永远有你无法想象的困难——

我是1999年在创业爬坡最不容易的时候，有了我的女儿。我跟普通的母亲不一样，我没有坐过月子。大概女儿出生只有5天的时候，我就开始带着她上下班了。那时候自己开车，抱着她不方便开车，然后我把她装在一个小篮子里面带上路。有时候马路上一着急，然后就一刹车，那个小篮子就一下子翻了。我有好几次在马路中间把车停下来赶紧去拽孩子，然后交警就特别生气，他说你怎么在马路中间就停车了，你赶紧走。我这时候也顾不上其他了，我就说您帮我先把孩子拽出来，她滚到座椅底下了。把孩子拽出来后警察就看看我说，哎呀，您这当妈的可真不容易，走吧走吧……

创业这20多年里，除了这些对家人对孩子的遗憾，有时候也会碰到一些突发的困境。

最大的危机是在2004年的夏天，我们当时的创业地址在北洼路。我们租了北洼路地下室的一个库房，每天下班的时候，我都会跟员工一起到库房盘点我的衣服到底卖出去多少，看着出去的衣服越来越多这是最开心的事儿。

有一天突然下暴雨，我还在商店里卖货，然后我库房里的管理人员给我打电话，他哭着说："夏总你快回来吧。"我说怎么了，他说夏总所有的库房都被淹了。我说水到多深了，他说夏总已经到我的腰了。我说那为什么不找人去想办法把水排出去。他说夏总找了，但是现在雨下得这么大，没法一下子把水排出去。

我就往回跑，出租车开不进北洼路，在路口那就停车了，腰深的水，我就往里跑。我跑进去了，整个库房的衣服就泡在水里，第一层和第二层的还在上面那个杆上挂着还没淹，然后我就一下子冲进去了。

我印象特别深，保安大哥喊夏总你别进去，有电，会出人命的。我那个时候哪顾得上出不出人命，然后就进去捞衣服，捞出来以后抱出来。员工看我进去了，大家就都一起冲进去了，我印象里王师傅个子非常矮，他只要一趴下，水就呛进嘴里，抱出一摞衣服以后他就往外吐水。

第二天的时候天晴了，我和所有的员工坐在外边的那个广场上看着满地抢出来的衣服。一件好西装淋湿了以后就变形，从水里泡的就更没法再卖了。看着那一广场的衣服，那可是我们一件一件衣服挣出来的钱，结果一下子几百万瞬间就没有了，那一刻真的很想哭。

今天讲述的时候可以哭出来，但是那个时候哭不出来。因为觉得不能哭，还有那么多人看着你，这些员工会觉得害怕，接下来怎么办呢？这一季的衣服都没有了我们柜台里到底卖什么？我们怎么办？我就说一定能想出办法，我们一家一家工厂看看，他们现在还存着什么样的货。然后我们来跟他商量把他们的货拿来卖。也就是那一年，我第一个开始创新，开始寻求第三方物流来管理库房。

我们以后再也不要自己管理库房了，我们去找一家最好的物流公司，让他们用最现代的方式来管理库房。于是那一年，我们不仅没因为那一次大水而把依文这家企业干掉，而且我还领着所有的员工跑遍了我们大概300多个供应商的工厂，然后拿来了更多更好的衣服。

那一年，我们又上了个台阶，我们又创造了一个市场销售的第一名！

中国五千年历史和文化让我挺直腰杆

说起如今的依文，还有个小故事。那是我去参加一个全球品牌大会的经历，那时中国的品牌还是第一次有机会参加，我被邀请在这个大会上发言。

当时我是排在第11个发言的，前面10个品牌的创始人上台发言的时候，我就突然发现我的PPT做得不对了。因为前面每一个PPT第一段都会去讲一个品牌的历史：我爷爷的爷爷的爷爷的爷爷就创建了这个品牌……

我当时那个PPT的第一页没有这个介绍，然后我的助理就着急了，说夏总你有你爷爷的照片吗？我当时也着急了，我想说我确实忘了带我爷爷的照片。但是我后来一想，有我爷爷的照片也没用，我爷爷是个农民，他跟品牌也没关系。

后来助理就说咱们怎么打这个历史，我说你就给我打一个5和三个0，助理当时在电脑上快速地给我做了修改。我还没走上台，屏幕上已经显示出来了，我就听见了底下好多人就乱了，还有的老人家扳着指头在算。怎么这个年龄不大的中国女孩一上来就说他们的品牌都5000年了，我当时其实用一句话让现场安静了下来。我说我知道中国没有5000年的品牌，全世界也没有，但是我特别想说，中国5000年的历史和文化足以让我挺直腰杆站在这里跟大家来一次平等对话。

我代表的是我们中国，是的，那个时候现场安静下来了，我的心里一下子有底气了。

谈历史，我们中国改革开放40年，创建品牌也没有多长时间的历史，但是我们的文化足够支撑我们。人家都是讲完了以后才提问，我还没讲完然后下面一个老人家就举手提问了，Mrs.夏，我想告诉你，别拿5000年吓唬我们！我问你们，你们有奢侈品的渊源吗？

我经常说，胸怀是被委屈撑大的，智慧都是被激发出来的。那一刻我连一秒钟都没停顿，我就说还真有，我说而且比你们还讲究。我说你们知道《红楼梦》吗？很多人点头，我相信确实很多人都读过《红楼梦》，都读过中国家族的这种生活方式。我说那个时候妙玉给宝玉泡一杯茶，用昨夜下雪梅花上那个雪水收集起来，然后烧开了泡一杯茶，您觉得，比我们把红酒放在橡木桶里面放个几十年再喝，哪个更奢侈哪个更讲究呢？

那一刻，我虽然是第一个代表中国参加这个会议，但我觉得，我们中国丰富的文化，老祖宗留下的那种讲究，在我们这一代人里真的是应该把它传承下去。

所以那次大会回来以后，我开始了我们的二次创业，我开始带着我们的设计师，我们的团队走进大山，去寻找中国手艺。

苗族和布依族这两个民族，他们的手工艺非常有代表性。比如说苗族，苗族有很多的支系，然后每一个支系都有自己最美的纹样。布依族，我觉得那个刺绣和蜡染的文化非常素雅。我们的员工在山里面一年走39000多千米，一个寨子一个寨子去寻找那些有手艺的老人家。然后去说服她们出来，和我们一起去刺绣最好的时尚产品，就是那样一家一户找出来的。现在最有代表性、最有名的老绣娘是潘奶奶。潘奶奶现在72岁了，已经成为我们的明星绣娘、中国的绣娘代表。潘奶奶现在跟着我们一起去深山集市上卖她们绣的那个绣片，她一年的收入都能够达到50万。还不止一个人，是带动了一个村子一起发家致富，我们现在数据库里已经有8000多个绣娘了，她们能够来承接订单。所以用现在这个方式，我觉得我们可以让上万个大山里有手艺的老人赚钱、脱贫。

今天大家看到的我，不仅自己买得起衣服、有机会穿新衣服，而且也让数万人有机会穿上新衣服了。当然，我不会忘记过去25年创业的日子，更不会忘记曾经贫穷的日子，所以我希望能够让更多人有机会通过自己的双手改变命运。当然我更希望让中国的手工艺能够走向世界，能让我们的工匠精神代代相传，未来有机会让世界读懂中国！

我的中国梦

我有一个大梦想，梦想着有一天，能把繁忙的习总书记请到我的薛书记直播间，我的访谈提纲都写好了，我期待着这一天！

从保洁女工到“网红书记”
——圆方集团党委书记、总裁薛荣

很多人喜欢根据职业给人分个高低贵贱，而圆方后勤服务集团的“保洁女王”薛荣却这样说：“我最在意的身份是共产党员。”

薛荣，河南省郑州市圆方集团党委书记、总裁，党的十九大代表，2016年被中共中央表彰为全国百名优秀党务工作者。

我在网上讲堂课

30年前，我下岗了，带领16个姐妹成立了郑州市第一家保洁公司。

30年后，作为党员的我，拥有了一个有着5万多名员工的高端家政和后勤服务集团。

光鲜的背后没有多少人知道，我虽然是一个大学生，却是靠着擦抽油烟机、刷厕所，甚至清洗外墙当“蜘蛛人”，才一步步走到今天。网上有人管我叫薛书记，因为我在网上开直播，我不唱歌不跳舞，我只做一件事——讲党课。

我叫薛荣，我有很多身份。比如说，在下岗失业的时候，大家叫我“下岗女工”；2000年，当我带着4000个姐妹去刷马桶的时候，又有人管我叫“保洁皇后”；当我成立圆方后勤服务集团的时候，大家叫我薛总裁；当我们成立党组织的时候，很多人叫我薛书记；特别是现在我做直播，大家又叫我“网红书记”。其实，我最在意的身份，是共产党员。

做直播这件事，也是一种缘分吧。一开始我们的员工分布在全国，距离特别远，我就想有什么办法能让我们的员工、我们的党员能听到党的好声音，员工听到公司的好消息呢?

偶然听说有个直播平台，我就去直播平台了，我一进去看那里头都是俊男美女。直播间有人惊奇地问我：哎，来了个书记，那薛书记你就唱个歌吧，我说我不会唱；那你跳个舞吧，我说我也不会跳。他说你又不唱歌又不跳舞，你在直播间里面干啥呢？一脚把我踢出来了……我很郁闷也很生气，我又进到直播间，终于有个人可能是党员，他问我：薛书记，你是哪儿的书记？我说我是我们企业的党委书记。他接着问道：你们企业是国企？我说我不在国企，我是在民企。他惊奇地问道：民企也要成立党组织吗？我说也要啊。还有很多粉丝很可爱，问我：薛书记你卖啥？我说我啥也不卖，我做党建。他们就问我什么是党建？那天晚上我哭了，怎么也睡不着了。

这直播平台上都是谁呀？这些孩子们怎么不知道什么是党建呢？这也是我们党的基层阵地呀，一寸也不能丢，所以我决定要留在直播间，和孩子们讲讲我们党的故事，讲讲什么是党建。

我在直播间里头看到的大多都是“90”后、“00”后的孩子，而且他们很多人也正在创业。有人说，薛荣老师是网络直播中的一股清流。就这样我在上面开始讲党课，讲创业就业，这么一讲就坚持了200多天。没有想到，孩子们喜欢我，还打赏我，给我送“金话筒”，送“洪荒之力”，送“女神”，一不留神，还给我送了一辆“兰博基尼”，我没有想到短短的200多天，在线观看的粉丝就有3000多万，他们给我打赏的花椒币将近90万，几十万人给我点赞。我也会在直播间里面说他们喜欢的语言：“万水千山都是情，关注薛书记不要停哦。”“你们走进薛书记直播间，一定要点关注，点关注不迷路，薛书记带你们上高速！”就这样我成了“网红书记”。

为生存，最累的活儿、最脏的活儿我都干

我出生在雪域高原，成长在火热的军营，我上过山下过乡，当过知青，上过大学，也做过工程师。没有想到在20世纪80年代末，国家从计划经济向市场经济转型中，我所在的酒店破了产，我竟然成了一名下岗女工！

为了生存，也为了自己要当老板的梦想，我开始了我的创业之路。

从1990年到1994年，短暂而又漫长的4年，我历经了9次创业9次失败，我真的是走上了一条充满坎坷、充满失败、充满泪水的创业之路。

在创业一败涂地、债台高筑的时候，婆婆病危了，当我赶回老家，把婆婆送到医院的时候被大夫告知双肾衰竭，每天都需要高额的医疗费，那时对我来说，唯一能做的一件事就是借钱，能借的都借了，还是不够。终于有一天，医院科主任跟我说，小薛，你再交不上住院费，你母亲的药就得停了。我真的不甘心因为我们儿女没有钱，就要让母亲的生命终止。但去哪儿借钱呢？能借的都借了，能变卖的都变卖了。记得那是一个夏天，我冒着酷热去血站卖血，当时针管粗、血管细，抽了好半天，还是空的，豆大的汗水和泪水交叉着往下滴。我是一个媳妇儿，我也能做一个像亲闺女一样的好媳妇儿，但这只能解燃眉之急。我每天一趟趟地往医院跑，看见当时医院做保洁的民工，一块抹布擦了马桶擦床头柜。当时我就想，我如果能够成立一

个小小的保洁公司，我一定比民工干得好，我一定能够得到院方的满意！就这样发现了商机，开始了我的第10次创业。

我带着16名下岗姐妹，借了300元钱，买了一整车的笤帚、扫把，就开始了保洁公司的创业之路。没有想到扫地也那么不容易！我记得擦的第一个抽油烟机4元钱，两个小时翻来覆去地擦，擦完以后，给人家插上电源，竟然给人家擦得不转圈了，我还得花5元钱给人家修。通下水道的时候，扑通扑通溅得我浑身都是粪便。其实我的手很漂亮，过去还给珠宝商做过手模，就是这双纤纤玉手，我用它通了多少厕所刷了多少马桶我记不清楚了。

为了生存，最累的活儿、最脏的活儿我都干。

其实这还不算啥，最难受的是碰到刁难的客户。当时我们给一个客户的会所“开荒”，也就是说别人装修完的房子，我们去给人家彻底打扫。我们接的那个活儿还不错，干一个星期能拿一万元钱。但是你不知道这客户有多刁难，我们擦完以后，他说地板上还有脚印，不合格。我们十几个人跪在地下倒着往外擦，就这还不行。别人给我指点说你得请人家吃饭，我记得那天我请那老板吃饭，他告诉我，你不是要结账吗？这有十杯酒，你喝一杯我给你一千，你喝十杯，你的一万元就给你了。我心想这一万元钱我们十几个人，干了一个多星期，不能白干啊。虽然我平时不喝酒，最后我也豁出去了，不就十杯酒嘛。就这样为了能拿回来那一万元钱，我就一杯一杯地喝，把自己喝得酒精中毒，送到医院又是洗胃又是灌肠，整个人都被掏空了。他竟然说没有钱，又恨又气的我从床上爬了起来，老娘跟你拼了，就这样才要回了这一万块钱。回到家，见着我妈，我就趴到妈妈身上使劲地哭。我们下岗女工，不怕苦不怕累，我们不怕干活，但是你不能这么欺负我们。

为什么被欺负？小家政公司没人能看得起，工资低待遇不好，没人看得上我们。妈妈看着我着急上火，就给我支招说：丫头你别急，要不这样，你成立一个党组织吧，你爸爸过去在部队只要有事儿，支部开会就能解决问题。我说妈，我是一个个体户，能成立党组织吗？她说可以。我说我不是党员能成立组织吗？她说你不是党员，你们公司不是有党员吗？我觉得特别好，就这样第二天我就让我们办公室写招聘广告，满世界地贴。

不忘初心讲堂课，坚定信念感党恩

在2002年4月，那是一个春暖花开的日子，那天我们在4500名员工中间挑出来18名党员，成立党组织那一天，我们小院张灯结彩，当我从街道领导手上接过那个红头文件的时候，我特别激动。我们公司成立8年了，从来没见过红头文件，那天给我们的是红头文件，上面写着关于圆方美洁公司成立支部委员会的批文。我也积极地申请入党，终于也光荣地加入中国共产党。

党组织成立后，让我和我的团队有了坚强的后盾，员工们出去干活有了底气，但是让我没有想到的是，党建工作居然还为我的企业带来了丰厚的经济效益。

那年6月，我们河南省委办公楼竣工了，整个后勤对外招标。随着我们公司的发展，我们也由当初的保洁公司发展成了物业公司，这个标我们也特别想拿到。一说省委大楼都是我们打扫该多牛啊，我们就积极地做标书、做计划。我也挺着急的，就在投标的头天晚上，上火的我突然疼痛难忍，送到医院检查，结果是尿结石，就是肾结石，那个石头掉到了输尿管里。我疼得浑身发抖，晚上一直在喝水打针。我一夜疼得睡不着觉，也一夜都在想我该怎么投标。第二天，准备推我进手术室的时候，我突然想到我们有党组织啊，我为什么不把这个说出去。我拔掉输水的针，打了个车就跑到了招标现场，当我去的时候正好该我们上场了。我就跑到那个演讲台底下，大家都看我，因为我还穿着病号服。我告诉评委，我说我们公司会怎么做，我特别充满自信的给评委说：我们有党组织，如果我们能中标，我们就把我们最优秀的党员给你们派过来。真的没有想到，三天以后我们真的中了标！

没有党组织，我们能拿下这么好的标吗？党组织也是生产力。

就这样，我对党的认识，从刚开始的寻求依靠到从中受益有了一个跨越式的进步。而此时一个突发事件让我一个新党员面临了严峻的考验。2003年，突如其来的非典，对我们国家是严峻的考验，对我们这些保洁公司更是严峻的考验。

那个时候我们公司已经有5000名员工了，我们给上百家医院提供卫生保洁服务，我们的员工不怕苦、不怕累甚至不怕受委屈。可是，面临生与死的考验的时候，有谁不怕呀，在这个时候是我们党组织站了出来，是我们党员站了出来。

我们开动员大会、誓师大会，我记得我们有一个叫孟德琴的保洁员，在请战书中是这么写的：我虽然在医院扫厕所、做保洁，但我是凭着良心在行使这份职责，当我听说非典病房需要保洁员的时候，我第一个报名参加了，我知道我们的选择有多大的风险。如果不幸我们被感染献出生命，请人们记得在全人类抗击非典的战场上，不但有白衣天使、我们的医学专家，还有我们这些最平凡的下岗工人，最平凡的共产党员。

共产党员时刻听从党的召唤，专挑重担担在肩，在那个时候我也才真正知道了什么是共产党员。那就是，平时能看出来，困难时候能站出来，危急时候能豁出来的，才是真正的共产党员！

从那时候我们公司的每一位共产党员、入党积极分子就都有了我身上这块党牌。有党员做引领，我们公司扛着党旗打天下，从郑州到北京到上海到山东，现在我们已经在34个省市有了分公司，有了我们现在的50000个圆方人。当初我们党员只有18个人，到现在我们已经有了21个支部、77个党小组、500多名党员，上千人写了入党申请书。

2012年，我也光荣地出席了在北京举行的非公党建工作会，受到习总书记的接见，我那会儿不知有多高兴。

当时受到习总书记的接见回来以后，我就在想，我能为非公党建做点什么？因为这个想法，“薛书记有约工作室”就正式成立了。我们要给员工上党课，但是我们的5万多员工呈现出了4个80%。就是我们员工中80%是40岁以上，80%是女职工，80%是初中以下文化，80%是下岗工人、农民工。就这么一个年纪偏大、文化偏低的人群，我们要给他们上他们喜欢听、能够听懂的党课。

我们说，我们的共产党伟大，怎么伟大我们得给他讲，当时我就想有什么办法能讲。我就开播了第一个栏目叫《薛书记讲党史》。什么叫中国梦呢？简单给大家讲一下，中国梦正式提出来的时候，是刚开完十八大，是在2012年11月29日，实现中华民族伟大的复兴就是中华民族近代的最伟大的梦想，这就是我们现在的中国梦。从2013年的1月到9月，我用了9个月录了18集，从《共产党宣言》讲到了改革开放35年。我每天要把党的党史时间、地点、人物记下来，就这样硬生生地把我一个家政公司老板讲成了“党史专家”。

不忘初心讲党课，坚定信念感党恩。

我感恩，因此无论我是做下岗女工，还是做“保洁女王”，或者做“网红书记”，我都会不辱国家给我这个“党务工作者”的身份。

我一定会以一个优秀党务工作者的身份，严格要求自己，一定会在讲党课的路上辛勤耕耘，用我创业初期的拼搏，用汗水谱写自己更加精彩的人生！

我的中国梦

我把对美好生活的向往、想做的事和表达的情谊都编制进了商品里。与亲同愿——现世安稳，岁月静好。

中国农民在联合国讲电商
——子言尚品家纺总经理贾培晓

如果是马云去联合国电子商务周讲电子商务，那么，大家都会觉得理所当然。但是，令人难以置信的是，一个在中国农村做电商的人，居然也可以去联合国分享经验。

他就是贾培晓，2017年4月24日至28日，在瑞士日内瓦举行的联合国第三届电子商务周上，贾培晓登上联合国论坛，以自己为缩影将中国农民的创业故事讲给全世界听——

贾培晓，山东博兴县子言尚品家纺有限公司总经理，第九届全国农村青年致富带头人。

为了让老婆孩子过好日子，我辞职创业了

作为村里第一个大学生，本以为可以鲤鱼跃龙门跳出农村，找一份好工作，但现实的残酷令我的梦想破灭，最终我还是回到了农村。

我开过电脑公司，但是不到一年就倒闭了；开过鸡胗店，可一周后就遇上禽流感赔了个精光，无奈之下做起了电商。

结果没想到，从当初最难时口袋里只有十几元钱，到现在我竟然带动了全村5000人，改变了生活方式，实现了脱贫致富！

人可以失败，但是不可以失去斗志！

我叫贾培晓，是山东省博兴县湾头村的一名普通农民。

每天下午5点多，是很多农民家庭围坐在桌前吃晚饭的时候。但是在我们村却是另外一番景象：家家大门敞开，有人骑上自己家的小三轮，有人拉起自己的平板车，车上满满地装着已经被包得严严实实的货物拉到村子中心排队、交货、记录发货单、装货……无论刮风下雨天天如此。

湾头村的村民每天怎么会有这么多货物要发到村外？车上都是装的什么东西？这些东西将要发给谁？很多第一次来到我们村的人看到如此的情景，都会问这些问题。

2017年4月份在联合国有一个第三届电子商务周，因为我所在的

村子湾头村，是全国最早的淘宝村之一，我又是这个村子里最早干电商的人，所以我有幸被邀请到现场作为中国农民电商的代表，去给大家做主题演讲。

这次联合国大会其实除了分享以外，给我印象最深的是我去中国大使馆时的情景。当我踏进大使馆门里时候，真的感觉到了祖国的强大。当看到国徽和国旗的时候，我就觉得我到家了，我觉得这是我最激动的时候。

我也去参观了欧洲的电商，他们那边电商其实挺落后的。好像在欧洲要从网上买一件商品，要先去邮局汇款，然后邮局汇完款，对方收完款再发货，效率很差，不像咱们这边网上全都可以解决。咱这边买早点可以扫一下码付款，他们觉得很诧异。我觉得在电商方面，中国在世界上是有绝对的话语权。

虽然那时候很骄傲，但是回想起自己第一次接触电商的经历也确实是无奈之举。

在2005年，我结婚之后第二年，我的女儿出生了。孩子的出生让全家人都很高兴，但是生活的负担让我和妻子感到巨大的压力。

当时我和妻子在一家饭店工作，她做会计我做行政，我们两个人工资加起来有1200元钱。有了孩子之后，每个月的开销大约在1100元钱，根本存不住钱。为了省钱，我爱人每天晚上8点之后去超市，因为只有那个时候，超市里才有卖相不好、便宜的蔬菜出售。有一天她回来告诉我，她说碰到了一个朋友，然后朋友的一个动作，让她非常羡慕，就是这个朋友用超市里面的袋子装土豆，都装满了还往袋子里塞。我当时说了一句话，我说，等我们有钱了，我带你去超市买两袋子。

这个承诺肯定是要用一辈子去完成的。

为了让老婆和孩子能过上好日子，我辞职开始创业，用结婚时收的10000元份子钱开了一家鸡胗火锅店。鸡胗火锅店筹备了一个多月开业了，开业之后，虽然门店的位置不是很好，但是生意却非常红火。店里当时有6张小桌，一般是上午10点不到就有人来了，一直要忙到下午2点多，然后自己才能坐下来吃口饭。休息两个小时之后，又会有食客上门，一直要忙到凌晨两三点才休息。

因为味道好、价格低，顾客口口相传，来的人一天比一天多，当时一天下来也能赚1000多元钱。我当时开玩笑就说，这个做法的话用不了多久，我也能上市了。

但是人算不如天算，开业才一周，一场禽流感让原本很火的鸡胗火锅店瞬间冷冻。顾客看见我们的店都绕着走，然后看着店里一个月来不了一个客人，我就把鸡胗店改成了烤鱼店重新开业，试图挽回这次的损失，可是这次开业远没有像鸡胗店那样红火。因为当地人都知道我们这个店以前是做鸡胗的，所以都不敢来了，没过多久烤鱼店也倒闭了，把10000多元钱的本钱赔了个精光。

后来又向亲戚借了2000元钱，做起了卖豆浆的生意。那一年冬天我记得特别冷，零下十几摄氏度。豆浆必须要在早上7:30之前送到客户家里去。所以从凌晨2:30起床磨豆浆分装，天还没亮的时候就要骑上车。骑的时候那个风吹到脸上，刚开始还能觉得疼，到后面根本就没有感觉了。进到楼道里跑几步一身汗，再出来骑上车的时候，汗水直接就结冰了。回去第二天就发烧了，但是还在继续送豆浆。

我女儿用的尿不湿，我记得都是她用完之后剪开，把里边的东西掏出来，放上卫生纸，再继续给她用。吃苦受累我不怕，但是我怕自己一辈子就这个样子了，我怕看着女儿喝不起奶粉，用不起尿不湿，我觉得很亏欠她。

开网店，做电商实现创业梦

2006年是电商的初始阶段，那时候村里家家户户基本上都没有拉网线，买电脑的都很少，更不知道什么叫开网店。

创业的初期确实经历了很多挫折和打击，因为当时也没有什么创业资金了，电子商务又不用投入很多的钱，于是我就想着利用老家这边的有利条件，和我计算机专业的优势，在淘宝上做生意。

我刚在网上卖东西的时候，没有东西可卖，你要发布10件商品，才能开店铺。我们没办法，就把结婚时朋友送给我们的一些结婚礼物，拍照后放到网上去了。我印象最深的就是上传的第一件商品，是一款七彩的磨砂玻璃调味罐，特漂亮，当时我爱人很舍不得。卖了26元钱，是云南的一个客户买去的。当时村里没有快递，要跑到县里邮局去发货。最后打好包，一称重告诉我，邮费30元，我不光是搭上东西，运费还要赔上4元钱。

一开始做电商真的特不顺，但是那第一单给我带来了希望，起码做成了。我觉得互联网上是有生意可以做的，电子商务是有希望的。

我从小就有草编的情结，因为从我记事的时候，就是我姥姥、奶奶这一辈在那种昏暗的小灯下面不断地去编这些东西，然后到了交货期，换了钱给我买好吃的，这个情景一直印在我的脑子里。后来我决定，就拿村子里的这些草编家具来做买卖。

因为我总是对着电脑，我爸妈都以为我是患上网瘾了，听说我在网上卖东西做生意，亲戚朋友更以为我是在做白日梦。因为从来都是一手交钱一手交货，他们没有见过这种事情，他们不相信会有没有看到实物就要付钱，没有收到钱就要发货的买卖。

要说线上和线下的生意，其实是大不一样的。以前你得罪一个消费者，最多他就是在门口骂两句，现在的消费者，他通过鼠标和键盘，一个对你产品不满意的差评，就可能会被无限放大，影响几万人甚至十几万人对你家产品的选择。

那个时候，我开始没日没夜地去看网店里草柳编产品的一些评论，发现有不少顾客反映，说编织的这些座椅、沙发会有响声，编出来这些产品会有毛边会扎手，而且在运输的途中容易破损。这些问题如何才能解决，一直困扰着我。

一个偶然的机会，我在跟我女儿玩积木的时候，看到了积木上涂的水性漆非常光滑，然后我觉得可以试一试。最开始我是用刷子往产品上去刷，但是后来觉得这样太费人工了。接着我又改成用喷枪去喷水性漆，这样的话又觉得太费水性漆了。最后决定用完全浸泡的办法把产品直接放到漆里面，泡完之后，在太阳底下晒一个小时，基本上就能发货了。

解决了这些问题之后，就提高了产品的舒适度。草编产品改良完成之后网店的口碑就好了起来。当时一天要发三四趟货，一天的成交量在100多单，没到半个月，我记得我就赚了大约有15万元，赚到了我人生的第一桶金。

从2006年和我爱人一起做淘宝，到2009年投资20万元注册企业和品牌进天猫商城，到2014年我的年销售额突破千万元。在我的影响下，村民们也纷纷开起了自家的网店。

其实在做电商初期，我自己挺封闭的，就是感觉我突然发现了一个好的运营，或者是一个推广渠道的时候，我不愿意去告诉村子里的其他人，我就想这个钱我自己赚。

2013年我去杭州学习的时候，就跟全国的很多学员交流，突然明白了一个道理：在电商这个产业里，你是其中的一分子，只有这个产业做大了、做好了，你才能好。如果说你好，这个产业不好，即使你再有能力，你也好不到哪去。从那时起，我就想，我要做产业，不是去卖商品。

我一开始教村民们做电商的时候，还有很多的麻烦事和困难，上手很难。大家特别不容易接受这个东西。

当时我记得很有意思的一件事，就是别人在抄袭我的时候，可能不会拍照，不会处理图片，什么都不会，就会一个复制粘贴，我写的包邮然后他就写上包邮，然后就复制过去，其实他并不知道包邮是什么意思。然后他跑到快递去发货，扔下货就要走，人家快递说您没给运费，他说我是包邮的。当时他们很多人是不理解这些事的。

还有一个有意思的事就是他复制我的东西，我信息底下有一个银行卡号，因为当时很多人不方便用支付宝，是直接打银行卡的，然后他就把我的银行卡号直接就粘过去了。

我们村有1700多户人家，但是目前拥有800多家网店，有20多家快递公司。有一半以上的人都在为网店忙活着，其中年销售额过百万元的电商超过30家。我们湾头村整个网络年销售额突破4亿元。谁说农民不懂电商？放下锄头，摸起鼠标，农民也能迅速致富。

现在我们村号称“三无”村，第一是没有孤寡老人，就是不会有那种把老人扔在家，出去打工的；第二是没有留守儿童；第三个是没有因为夫妻一方长期在外边打工，导致离婚率上升。三无！

这些年，改革开放给我们带来的社会、科技、经济的变化太大了，因为有这些变化，包括我们的政策方针的变化，让我能够有机会通过电商，实现了自己的创业梦！

作为一名返乡创业的大学生，我带领我们全村通过互联网发家致富，希望未来通过互联网这个方式，把我们的草柳编带到全世界，让世界认识中国、认识我们的家乡。我觉得，这就是属于我的中国梦。

我的中国梦

祝福祖国蒸蒸日上，全世界都吃到我们的好面食！

土味饽饽，让世界爱上中国味
——金麦兜食品有限公司董事长林红

所谓土味，就是乡土气息，也就是土气。在大城市里，土气是被嘲笑的对象，但是，换一个角度看，有时候土气就是亲民，就是接地气。如何把土气做出品质，做成有价值的产业，需要很大的勇气和很多的心思。

有的人，认为这其中没有商机，而有的人，却以此创业，做出了让全世界为之垂涎的土味美食。

林红，威海金麦兜食品有限公司总经理，曾在机关工作过10多年，后来从事广告业。2014年11月之后，她专门经营胶东花饽饽、喜饼等当地特色食品，成为当地有名的创业模范代表。她和她的土味美食，是中国“生产”的最美味的创业故事……

活着的人怎么办？

我叫林红，是威海金麦兜食品有限公司总经理，也是人们说的“饽饽大妈”。我就是为饽饽而生的！

我来自山东文登的一个海边小镇，从我记事起，我妈就告诉我我有两个哥哥，可我身边却只能看到一个二哥。因为家里穷，养活不起孩子，我大哥3岁时就被寄养在千里之外的长春。我记得那时候我经常在深夜被妈妈的哭声惊醒，我很害怕，不知道妈妈怎么了。后来我有了孩子之后才理解了那种感觉，母子连心，那是一种深深地没法排解的痛。

那时候的我只有一个想法，就是要改变这一切。

我一直是个胆子大、喜欢自己做决定的人。初中二年级，我趁父母去长春看大哥，自己办了退学，找工作挣钱帮家里。10年以后我又从铁饭碗的单位辞职，开了一家广告公司，我每天拼命干活，公司的生意越来越好，家里的条件也有了改善。

可是，就在这时我遇到了大麻烦。

有一天晚上，凌晨两点我忙完工作疲惫地回到家里，看到我妈就在客厅等着我，她着急地说孩子刚才突然有几分钟看不见了，后来我们到医院一查，原来我的女儿得了烟雾病，是一种很难治的脑血管疾病，连学都不能再上了。

我当时头都蒙了，这事怎么就让我摊上了！

没法想象，孩子的将来怎么办？我得为孩子铺路啊，这个铺路不是攒钱，再多的钱也有花完的时候，我得找个事，让她能长久地、有尊严地在这个社会生存，那时候我天天苦思冥想，做个啥事呢？

2007年的下半年，经过一番深思熟虑，我决定从我们家乡的大饽饽上下功夫。我走街串户找配方，拜访了很多老人，又做了很多花样。2012年，在一次文化交流活动中，我们的花饽饽作为礼物送到中国台湾，一位山东籍老将军特别激动，把样品带回家给过世的父亲上供，他对着父亲的墓地说："家乡来人了，咱又可以闻到家乡的味道了。"第二天他告诉我这些话后，我当时就流泪了。那时候展会还没正式开始，我的饽饽就被一抢而空，这件事让我大受鼓舞，更有信心把饽饽事业做大做好了，那时候的我就像上了弦的陀螺，每天只睡三四个小时。

可就在这时，厄运再次降临！46岁的我要为自己安排后事了！甚至开始琢磨为丈夫找个替补媳妇……

45岁的时候，我就感觉身体不好，但是一直没有时间去医院检查，蒸饽饽都蒸疯了，每天睡觉的时间也很少，等到46岁的时候，到了不能等的地步了，这一去查就查出了子宫内膜癌。

刚查出来的时候，是我爱人第一个知道的。当时他看着那个检验的单子，感觉就是五雷轰顶。当时我就一个念头，无非就是死，可是活着的人怎么办？我顾不上想我自己，我想到父母谁来养，大哥也没个保险，生活怎么帮他解决，尤其是我们孩子还有病，没成年。那种生离死别的感觉太难受了。

那天我对我丈夫说，你过来，咱俩坐着聊会儿。就在医院那张床上，我在这头，他在那头。然后我就讲，第一安排我妈跟谁住？是跟你住呢，还是跟我两个哥哥住？然后又说，我们的女儿她能干什么，她不能干什么？这些东西我都给权衡好了。然后他就流泪了。我说，不用流泪，人总有一死，这个事有什么，反正就这个样子，只要你们都能过得好，我无所谓。其实我那时候蒸饽饽，给孩子治病，内心是很疲惫的，我就想离世可能就是解脱了，我就把后事给交代了一遍。

当时我还想着要给老公再找个替补媳妇，这对我来说是最关键的事情。如果我走了，这个家怎么办？得给老公找个好人，最起码得找个我这样的，最好能吃苦耐劳。这也是与我小时候的性格有关系，就是遇到事愿意往上冲。想给老公找个有孩子的，又怕将来要掐架；想给找个没孩子的人做媳妇，可周围有谁合适？她的性格合不合适？那时候，我心中筹划、琢磨，立马就确定了几个人选。至今我老公也不知道这事，但是我跟我闺女说了，你要和谁谁谁重点培养关系，我觉得这个人还不错。但是我闺女也不知道为什么，她还以为是教育她怎么样和人处朋友。

后来，我做了手术，效果挺好的，医生说这个结局挺完美的、没问题。我现在身体也还不错，那个时候太拼了，跟劳累也有关系。我血糖高，越熬夜血糖就越高，然后吃饭也不注意，现在知道都得注意了。

也许是老天看我不容易，也许他还想看看我蒸饽饽能蒸出多少花样，厄运并没有击垮我，陀螺的小故障一清除，我又快速旋转起来。

现在我爱人对我的身体特别地关注，平时吃药、吃饭都督促我，尽量让我过有规律的生活。这个事应该可以算是我们创业道路上最大的一次坎坷了，但是我们夫妻俩携手顶过来了。

我的饽饽会说话

有人问我，同样都是卖馒头，到底我的馒头里面有什么秘诀，能卖得那么好呢？我说因为我的馒头会说话。

首先，我们这个饽饽和馒头有区别，馒头是水和面做的，一次发酵。我们的这个饽饽是牛奶、鸡蛋、啤酒、蜂蜜，再加面，没有水，它是三次发酵。它不管是从材料上，还是在发酵的工艺上，已经远远地超出了一个馒头的概念，并且它的口感不是馒头的口感，它的口感介于蛋糕和面包之间。

为什么说我的这个饽饽会说话？我们这儿有一个老将军，在他100岁的时候，把自己的稿费、工资都捐献给我们的家乡，办了一所希望小学。家乡人民就要送他一个与众不同的生日蛋糕，然后就找到了我。我就给老将军做了一个生日蛋糕：中间是大寿桃，大寿桃上面有小寿桃，老将军属龙，所以上面还做了一条蟠龙，中间是十二生肖，重点是一枚勋章“红五星”，因为他是老红军。

当家乡人民把这个生日蛋糕送给他的时候，他说，我挂了那么多的勋章，我吃了一辈子的生日蛋糕，但是这个是最让我开心的。这个蛋糕凝聚了家乡人民的情感。

同时，我们也针对生日蛋糕的市场，推出了用饽饽做成了中式生日蛋糕，我们的这种蛋糕更善于表达人们的情感。

曾有个企业的董事长来定做一个蛋糕送给父亲，他父亲属老虎，他属蛇。他们中间发生了一些误会，他内心非常内疚，可用嘴没法表达。我说没问题，然后我就给他做了一个老虎抱寿桃的蛋糕，蛇偎依在老虎的脸颊上，然后在中间我还给它插了一个奶瓶，这个奶瓶是给蛇喝的。因为是他的父亲又当爹又当妈，把这个孩子抚育成人的。我就给他做了这么一款蛋糕，他特别感动，一下子把企业全年的生日蛋糕都在我们这儿订了。这位董事长和他爸不能说的话，最后通过我的这个蛋糕来表达了，所以说我的蛋糕会说话。

饽饽和美好的事物一样，也是属于世界的。

我们家乡有一个美籍华人，他结婚的时候，按照老辈的习俗，我给他做了龙凤呈祥、吉庆有余的创意蛋糕，还有一些花样饽饽。他是圣诞节结婚，我就给他创意了一个圣诞之爱的主题蛋糕。他结婚时，他的教授吃过饽饽后，觉得特别好，后来还让我给他做了一套十二生肖的饽饽。这位教授特别喜欢中国文化，也特别喜欢我们的饽饽，说要在硅谷给我建一个工作室，每周只工作两天就行了，去硅谷传播中国的饽饽。

我想我一定要去传播我们的这种饮食文化，让世界知道我们饮食品种花样繁多，咱们中国人的饮食文化博大精深，我们中国人才是最会吃的。现在我们的产品已经卖到了十几个国家，不光是产品出去了，我们的饮食文化理念也传播出去了。

我们现在还会定期地给北京交通大学威海校区的留学生做培训，这些留学生非常喜欢这个饽饽。我们还邀请他们来我们的培训中心，过中秋节吃月饼，过冬至吃饺子，我还送给他们二十四节气带谚语的书。

我们的这种交流跨越了国界，让中国文化走向世界。我们祖国强大了，世界认同了咱们自己的文化之路！

到去年，我们的金麦兜食品公司实现销售收入1600万，刚刚启动的加盟店已经发展到100多家，我女儿也成为一名优秀的微商销售管理人员。

改革开放，让我们这些普通老百姓可以通过努力改变生活，新时代网络和物流的快速发展，也为我的饽饽插上了有力的翅膀，让它走出国门飞向世界各地。

40年的改革开放，像我这样的普通人，农民出身，有更多的机遇去发展自己的创业之路，让我的家庭和许许多多中国家庭一样，过上了以前想都没想过的好日子。

这都要真正地感谢党的好政策，我们很幸运，能生活在这个美好的时代！

我的中国梦

“圣泉法”新技术让秸秆变废为宝，为中国制造贡献力量！

用“玉米芯”造福人类
——圣泉集团董事长唐一林

苏格拉底说过：“世界上最快乐的事，莫过于为理想而奋斗。”

理想看似是一个“很大”的词，似乎只能与伟大人物相关联，但是换成“梦想”来表示，就更亲民一些了。每个人都可以有自己的梦想，就像那句话——“梦想还是要有的，万一实现了呢？”唐一林的故事，就是这句话的最好注脚。

唐一林，山东济南圣泉集团董事长、党委书记。他不断研发创新，用玉米芯生产工业原料，在为神舟飞船研发保温材料、在为“复兴号”高铁列车研发轻芯钢减重材料等方面，均取得了重大突破。

他说：“我的梦想是，希望玉米芯造福人类，石墨烯走进千家万户！”

被人嘲笑的梦想

没有梦想的人生，是无趣的人生。

我是唐一林，今年64了。可以说我的创业之路，紧紧伴随着改革开放40年，我的梦想，就是从跟随改革开放而开始，并在改革开放的历史机遇下实现的。在梦想的激励下，不仅实现了自己的致富，也实现了带着村民一起致富，甚至成为国家知名企业和重大项目的合作伙伴。

我的致富法宝，得益于一种非常不起眼的农作物的下脚料——玉米芯。

玉米芯就是我们啃了玉米，扔掉的玉米棒子。凭着小小的玉米芯，我带领的企业成了全球生产呋喃树脂的最大生产基地，成了全世界第一家用植物秸秆生产石墨烯的企业，我带领的企业创下了年产值百亿元的神话。

然而在创业的初期，我想通过研发玉米芯发家致富的梦想，却一度被人嘲笑。

1985年，我们的企业前身出现了严重的亏损，负债360余万元，员工们的工资拖欠了半年，成为远近闻名的“烂摊子”。

此时，镇上的领导找到我，希望我能担任厂长。我是尹家村的村办铸管厂的厂长，事业正是干得如火如荼的时候，因为铸管是城市建设的下水管道，城市高楼正在建设中，我们的订单接不过来。接到这个通知后，我的内心非常矛盾，接管吧，需要到镇里去工作，离家远又是泥泞的土路，一下雨车子都推不动，当时在村里，家里小孩子才6岁，一家老小不舍得让我去；不接管呢，镇上的领导天天来给你做工作。我左右为难时，老父亲语重心长地和我说，你现在去吧，30岁正是干事创业的好时候，如果你真能把那个厂子搞好，你不仅有机会实现梦想，解决入党问题，还可以给我们全镇的人民每人解除60块钱的债务。

要知道当时刚刚改革开放，60块钱可以娶一门媳妇了，当时我结婚的时候，就借了50块钱结的婚，所以说欠债没钱的日子，我是深有体会，真是怕透了。

我从小就生活在农村，又是农民出身，我父亲是银行的会计，虽然说每个月工资有28块5毛钱，可是要养家糊口，一家五口人的日子过得紧紧巴巴的，家里人勉强能吃饱饭。我上二年级的时候，母亲不幸患上了精神病，这对我们的家庭打击是非常大的，每个月吃药就得10来块钱，我们兄妹三人还要上学，所以家里特别穷。我记得我16岁以前，就没穿过一件新衣服，都不知道什么是秋衣，我们兄妹三个人的衣服，都是亲戚朋友给的。有一次，我记得我上学的时候，穿了双鞋，叫同学笑话开了，因为穿了双女式的鞋。

初中毕业以后，我就上村里去打工了，当了一名锻工打铁，一天能打10斤钉子，那10斤钉子打下来，腰酸腿疼，黑夜里睡觉都不敢翻身，一天才挣1毛钱，记10工分，那就很不错了。这样干了几个月以后，我挣了钱做的第一件事，就是花6块钱买了一身秋衣穿，那个高兴得不得了啊！

这些经历让我深刻地认识到，要想过上好日子，必须努力赚钱，所以进了小工厂以后，我就特别能吃苦，什么脏活累活、有技术的活儿都想干，车钳刨磨铣，干了一大遍。最后听说木型工挣钱，我就去学习了木型工，回来后，企业需要业务员，我又去当推销员，后来被推荐成为我们村合作社的社长，带领着我们村的农民们苦干了10年多。

日子一天一天地好起来了，我记得当时我年收入过万元了，我是我们村第一个县政府表彰的万元户，还奖励了一个镀金的金牌。当时，因为农村缺电，我看到这个商机，学会了做蜡烛，我家里搞了个小副业，让我妻子做蜡烛，一吨能挣五六百块钱，一年能做一二十吨，所以收入一下子提起来了，这个万元户就这么来的。

在父亲和领导的劝说下，我终于去镇上当了镇办企业的厂长，我上任后第一件事就是寻找厂里失败的原因。

我发现这个厂有点“不务正业”。一方面，一个镇办的企业，它主营业务不去好好地干，干了十几个小项目，每个项目都不挣钱，都是些人家小个体户干的小事情。另一方面，从1981年开始投产，到1985年近5年的时间，干了不到一年的产能，产量那么低，消耗又大，只能亏损。

为找出路我决定外出考察学习。通过考察我发现用玉米芯生产糠醛这个项目是非常有前途的。什么叫糠醛呢？糠醛就是用玉米芯半纤维素生产出来的一种工业产品，它作为工业原料，有很好的很广泛的应用价值，比如它可以做炼油的沉淀剂，它可以系列性加工糠醛呋喃树脂，还有农药等方方面面。这次考察回来我就开会，把所有的项目全部砍掉，发展主营业务生产糠醛。

就在这个时候，有一天我听到我们的一个老员工在走廊里议论，我们那么些年收原料都收不起来，来了个小白脸就能把原料收起来吗？当时的情况是这样的，1978年，分田到户了，家家户户去脱玉米芯，玉米芯虽然不值钱，但是烧炕做饭都需要它，虽然有人零零碎碎地上公司去交玉米芯，农民不愿意去交，没有多大收益。这是个困惑的问题，我们生产需要玉米芯，收不来玉米芯，一切都是妄谈，这可怎么办呢？

有一天我突然看到学校要搞勤工俭学，我想让学生去收玉米芯作为勤工俭学的一项好出路，不仅解决了学生勤工俭学问题，也给我们解决了原材料收购难的问题。我又把我们提价的这个消息通过教育系统，传达到了每一个学校，让他们收集玉米芯，给我们送到企业来。

再后来我发动了200多个村里有条件的个体户，轰着小毛驴，开着拖拉机上别的村里，家家户户地去收购，中介的作用真正发挥出来了，玉米芯逐步收起来了。

当时我记得贷了100万块钱，用于收购原料，原料收上来了，当年销售收入实现了200万元的产值，获得了5万块钱的利润，非常不简单。当年由亏转盈，大家非常高兴，一下把工人的工资也发了，100多个工人全部留下来了，企业也正常开始发展。

梦想还是要有的，万一实现了呢

改革开放以后，处处有商机，作为企业的带头人，需要有发现商机的眼光。

1987年我发现，只有走系列化的深加工之路，才能获得更大的利润。我们听说在北京轻工部环保所，有两个工程师研究出来用糠醛生产呋喃树脂，也就是说，它是用玉米芯生产出来的原料生产的，什么是呋喃树脂呢？呋喃树脂就是一种工业的黏合剂，它可以黏合砂子，黏合砂子有什么好处呢？它可以把我们繁重的又脏又累的铸造工人，从这种恶劣的环境中解放出来，实现自动化机械化的大生产。得到消息以后，我就赶快托人，找人用很小的代价，5万块钱就把这技术买到手，生产出新一代的呋喃树脂。因为当时除了我们厂，其他地方买不到这个产品，30多个厂家纷纷向我们订货。哗哗哗哗，钞票就都来了，我们都不知道钱怎么挣的。

但是好景不长，本来看着是挺好的一件事情，可是因为产品质量没有保证，我们生产的黏合剂不黏砂了，出现了质量问题，对方要退货。这时候怎么办呢？我们组建了科研所，总共又投入了100多万元，经过反复地试验终于稳定了产品的质量，达到了国际先进水平。

现在我们已经成为全球最大的生产呋喃树脂的基地。这个项目大大增强了企业的经济实力，让我们有足够的资金研发新产品。

2007年的一天，我们收到了中科院的邀请函，他们邀请我们圣泉集团为神舟飞船返回舱提供一种轻质保温抗烧蚀的材料，也就是酚醛空心微球。这种材料因为技术难度大，一直依赖进口。但是因为某种原因，外方突然停止了供货，我们国家现在急需这种材料，急需国产化，最终中科院找到了我们。

返回舱从大气层返回地面的时候，会有气流的摩擦，温度非常高，温度大概2000～3000摄氏度。酚醛是很好的抗烧蚀材料，能起到降温、抗烧蚀的作用，它能够使返回舱内的设备和人员平安着陆。可是，这项技术难度非常大，我们一没有经验，二没有技术可借鉴，三没有现成的设备，我们也害怕失败。但是我们仍然坚定地把这个项目接了下来，因为这个项目关系着我国航天事业的发展，也关系着我们中华民族世世代代的飞天梦想，我们无条件支持。在国家利益和民族利益前面，我们必须牺牲我们小集体的利益。

因为压力比较大，我们的技术人员经常加班加点。我们跟中科院的博士前后做了超过千余次的试验，大大小小的讨论会也不下千次。

当然也正是我们这种拼搏和付出，终于把神舟飞船返回舱的材料在我们圣泉顺利地批量生产。当“神八”返回舱着陆的那一刻，我们都非常激动。

之后我们又继续研发，将我们的轻芯钢作为减重的材料也用到了“复兴号”高铁列车上——

2013年的夏天，当时我长了个囊肿，开刀动手术后还没愈合。但是欧洲方面的一个合作伙伴，想和我们谈谈关于高铁的一个内装饰材料合作的问题。因为对方好不容易定了时间，我就跟我的医生商量，他说你拿点药吧，实在不行就半路上自己换。

这次欧洲谈判，虽然伤口感染让我承受了痛苦，但是成功引进了技术，填补了国内技术空白，为高铁列车内饰材料长期依赖进口的现状画上了句号。具有减重阻燃效果的新型材料轻芯钢的诞生，被广泛应用到高铁、动车、地铁、新能源汽车等领域。

大家熟悉的“复兴号”高铁，因为使用了轻芯钢，为每组列车减重达到了1吨，相当于减少了15名成人的重量，为我国高铁提速发挥了至关重要的作用。

我们现在不仅用玉米芯，还用各种植物秸秆，像稻草、树皮、芦苇、玉米秆等，都可以生产出系列化的产品，也研发出了用玉米芯提炼石墨烯的新技术，同时，我们研发的内暖纤维也是全球首创、全球首发。我们的产品已经多达近百种，走进了千家万户，进入了生产、生活的方方面面。比如在汽车、手机、电脑、旅行包、线路板、芯片等领域中都有应用，并出口到国外60多个国家。秸秆一定会插上科技的翅膀，创造出更多的财富来造福人类！

我从20世纪80年代开始创业，到现在将近40年了，和改革开放40年几乎是同步进行的。

我们通过艰苦奋斗、努力创新，用玉米芯为代表的农作物秸秆，走出了一条属于自己的创业成功之路。今后我们依然会坚持科技创新，努力打造百年基业，为造福人类而奋斗！

如果说最初的梦想让我只得到了嘲笑，那么，现在实现了初步梦想的我，就想带着更多追梦人一起，去证明——有梦想就会有奇迹。

我的中国梦

我梦想带动十万名残疾人活得有尊严，有家有爱有梦想！

建培训基地，我要带残疾人做出个样子
——炳良电子商务有限公司董事长孙炳良

史铁生在《病隙碎笔》中说：“生命就是这样一个过程，一个不断超越自身局限的过程，这就是命运，任何人都是一样，在这过程中我们遭遇痛苦、超越局限、从而感受幸福。所以一切人都是平等的，我们毫不特殊。”

作为一个残疾人作家，史铁生说出了很多残疾人没有说出的话——我们毫不特殊。孙炳良也是如此。

孙炳良，河南省炳良电子商务有限公司董事长，河南省“自强模范”，河南省“残疾人个体就业先进个人”，河南省“十大扶贫人物”，2018年12月19日成立中国残疾人电商联盟，联合全国各省残疾人企业家、爱心人士等共同帮助残疾人、贫困户实现创业、就业。

双拐让人看不起我

我叫孙炳良，这辈子我最开心的事，是帮助了3800个人。

什么算帮助呢？我想，就是让王艳萍从每个月400元的收入，变成了现在每个月4000元的收入；让康忠坡从自暴自弃，到把自己的陶艺作品销往美国；让郭守宁从找不到人生方向，到被人称为“轮椅上的金牌讲师”……

这些人如今在我的公司工作或者自己创业，他们都有一个共同点，就是和我一样都是残疾人。他们都是我帮助过的3800人中的一员，这是我这辈子最骄傲的事情！

要问我的公司到底是做什么的？那还得从以前说起。

那时我8岁，因为两条腿特别疼，我父母带着我到医院治疗，医生说我是骨髓炎，需要锯腿，把两条腿锯掉截肢。医生还说就算这孩子没截肢，这辈子也离不开双拐了。

11岁时，我以全乡第三名的成绩，考上了乡重点中学。因为我当时是拄着双拐去学校报到的，老师一进门，看到我是拄着双拐，当时他就脸色大变，认为我不能正常学习，就说不收残疾人。我爸爸和妈妈说，求求你老师，我们这孩子，非常非常想上学，上学是他一辈子的希望。

当时老师为啥不让我上学？就是因为我拄着双拐。所以那时候我就觉得这双拐就是个祸根，我就趁奶奶做饭的时候，把双拐扔到火里烧了。

我觉得你越看不起我，我越要改变我的形象，我越要改变我的命运！

没了双拐，走路并不是一件容易的事。按着一个小凳子，走一步挪一步，走一步挪一步，当时把小凳子两边都磨得光光的、亮亮的。有时候，我就扒着墙根走，一挪一步，墙根边都是我的一圈黑手印。当时身上到处都是伤，因为走不稳，比如说正走着，倒下了，摔那了，经常摔得鼻青脸肿。

但是就这样我也要坚持，也没有想过把拐拿回来。

有两年时间里，不敢走亲戚，不敢在外面住，因为到外面住，我解手都没法解，因为蹲不下去。那时候我在老家，解大手都是我的父亲帮助我，用一个凳子，上面挖一个洞。我要出门了以后，没法儿解手。因此到最后我只能锻炼，每天早上就锻炼蹲。

如果当时那个老师，没有那么严厉说不让我上学，或许我后来就没有那股倔强劲儿，因此我要感谢那个老师。

后来我就在家自学，我就是不相信，我要自学成才，我要做出个榜样！

我把我奶奶纳鞋底的绳子，扔到梁上，然后坠下来，上面拴了一根针，如果自己学不进去了，打瞌睡了，我就用针扎一下脑门子，立刻就清醒了。我一出门，邻居看到我头上都是乌青的，还以为被人打了。

人们越说我不行，我越要做出个样子。

维修家电，我挣到钱了

我用了三年时间，自学完了初高中课程。那时最感兴趣的是物理，一学到物理就特别兴奋。那个年代人们买不起收音机，都是我自己做一个天线，然后上面加上二极管，再用个耳机，就可以收到当时的广播。我们的邻居，还有我们的同学，他们经常跑到我家里听广播。

20岁的时候我学会了家电维修，在河南浚县开了一个家电维修部。后来有一个拄双拐的残疾人，经常在我的门口站着，看着我维修，我就问他，你想干啥？他说，我想学维修，但是，我没有钱。

我知道，很多残疾人为了治病花光了家里的积蓄。我当时看病，也至少花掉了1万元钱。这1万元钱，在当时是什么概念？在20世纪80年代初，1万元钱，在我们老家能盖一座楼。所以我父亲总和别人说，炳良看病花了一座楼的钱。

因为我自己是残疾人，所以我十分理解残疾人，我把他请进了门市部，手把手教他学焊接、学电路。慢慢地，不管是电视机，还是影碟机，他自己都能独立维修了。后来，我就在我的店里制定了一条规定：凡是残疾人、贫困户、老红军，还有军烈属，我都是给免费维修，也可以免费培训。

2002年，我带着我的学员一起到村里去免费维修，想搞一个百天义务维修活动。那天我通过村里的广播告诉大家，有谁家的电视机坏了可以拿过来，我们帮忙免费维修。结果没想到，当时的村民却问我，你带着你的残疾人是来要钱的吧？我说，我们是义务维修的。他们说，义务维修？咋有这么好的事。好多人不理解、不信任我们，当时我心里凉了大半截。

通过这件事以后，我就更想把这件事坚持下去，不要让别人看不起我们。

到2011年，免费维修已经坚持了17年，越来越多的残疾人学会了家电维修，开起了自己的门市，我也被评为我们县的“十大杰出青年”“河南省自强模范”，同时，我也被推选为我们鹤壁市的政协委员。

2012年，有人来找我说，炳良，我买了空调，你帮我安装吧。我说，空调都有售后，为什么不找售后呢？他说我是从网上买的，那是我第一次听到网购。后来，我就仔细研究，发现网上创业投资小、见效快，非常适合我们残疾人，于是，我就增加了电商培训。

一位拄着双拐，叫田志强的重度残疾人，他经过一周培训开设了自己的网店，并且通过第一笔交易，赚了12元钱。他逢人就说，这次我挣到钱了，俺爹终于不说我是废人了。通过这件事，更坚定了我培训残疾人的信心。

还有一个残疾人，叫宋秀丽，因为站不起来，她需要用手支撑着，倒退着上楼，一磴一磴的，每次从一楼到三楼，都需要半个多小时，累得满头大汗。还有一个坐轮椅的郭守宁，因为下楼不方便，足足在四楼教室里待了四个月，吃住都在四楼。我想，我一定要为残疾人加装无障碍设施。可是，我的厂房是租来的，基础建设拆不了，如果投资场地后，房东再回收怎么办，租房不是长久之计。

我和妻子商量合计，决定自己一定要买一个场地，但是需要170万元，这个数字可愁坏了我们俩。后来有一天，妻子开心地告诉我说，借到钱了，我从娘家人那里借了几十万元，可以买场地了，之前怕不成，一直没有告诉你。

为什么她说怕不成呢，因为她的家人当初并不同意她嫁给我。

残疾人也有梦想与爱情

我的妻子是个健全人，也是个美人，人们都说，能娶到她，是我八辈子修来的福气。我觉得也是，我1.55米，我爱人比我高，1.65米，健全人、瓜子脸，很标致。当时她家人坚决反对，不让她出门，不让她跟我联系，让我们断绝来往。为了让她跟我断绝来往家人还打了她，当时她脸上都是一道一道的血痕。但最终我们两人成了婚，后来住在一个租来的18平方米的屋子里。她父亲走的时候，她都没有见到最后一面，我一直觉得很对不起她。

父母都希望，女儿能够找个好人家。然而，当时的我腿部残疾，孤身一人在县城打工，入不敷出，她的家人担心女儿嫁过来受苦。虽然极力阻止，可是她还是选择了我，说是看上了我的毅力和善良。

刚开始妻子娘家人不接受我，后来在我的坚持下，妻子的家人都被感动了，觉得我有技术，也有心，也就慢慢改善了对我的看法，接纳了我。

而且街坊邻居都看笑话，说我老婆找了个对象是瘸子，还有邻居在街上，一瘸一拐学我走路。后来，他们听说我会维修家电，就想看看我是不是真的有这个本事，就拿东西让我试。最后证明我的技术好，维修速度快，邻居们也就都认同了我。

当然，这件事也不仅仅是妻子在支持我，残联和人社局的各位领导也在一直支持我。如今我的培训基地被认定为国家级残疾人培训基地。对于一些没有文化，或者年龄过大的，学不了电商的人，我就结合实际，想办法找门路，开设了足疗保健、按摩、手工泥塑、雕刻等专业技能的培训。

我们残疾人也有梦想和情感，我们也需要家庭和工作，也需要爱情和面包，我想努力帮助更多的残疾人实现就业脱贫。

我们培训基地的一个残疾人叫贾振辉，他是濮阳的一个农村孩子，是个脑瘫，说话歪着头，说什么也听不清楚。但是他爱劳动也爱学习，最后，他从一开始不认识字，到最后都可以写工作总结了。

有一个拄双拐的女孩，看中了贾振辉的勤奋劲儿、学习劲儿，最后他们两个开始恋爱。一开始这个女孩的家庭不同意，我为了撮合这个事，没事就给她妈妈打电话，不知经过多少次电话沟通，最后终于把她妈妈说通了。2018年9月9日，他们参加了集体婚礼，俩人正式结婚了，非常美满幸福。这是我们这儿撮合成的第5对了，最少第5对了。

目前，我培训出来的学员们，有一些做得很好的，已经开公司了，成就已经超过我了。

比如我们培训过的郭守宁就是一个很好的例子，他被我们残联评为“自强模范”，现在更是被誉为“轮椅上的电商金牌讲师”。

他3岁的时候，得了小儿麻痹症，他父亲在2002年底的时候，从电视上看到我的一些事迹，就让他到我的培训学校学习手机维修。2003年他在我这里学习了一年，2004年就开始开维修部，后来手机维修做不下去了，在家闲着。后来我就给他打电话说，我这边现在做电商，你可以过来学一下，到时候也可以有一个吃饭的门路。他学习了大概有两个月，开始做后台维护，做运营，做客服。在2015年年初的时候，开始做讲师教别人了。学生私下里会说，这个老师讲得不错，是个“金牌讲师”。

在2014年，我参加了我们鹤壁市举办的创业大赛，我得了二等奖，政府给我扶持资金2万元。2015年河南省人社厅举办了“大众创业万众创新”活动，当时给了我帮扶资金15万元。这些资金对我来说，真是雪中送炭。

2017年，为了给残疾人加装无障碍设施，我又投入了170万元购置新厂房，这也让我开始负债百万。虽然负债，但看到残疾人能学到一技之长，实现了人生价值，我还要继续做。

100万元对于我来讲，是一笔巨额债款，然而对于很多残疾人来讲，这100万让他们有了新家，在这里，一件件精美的工艺品从他们的手中生产出来。我可以把我自己销售产品的钱，贴补到他们的培训费上，把这件事继续做下去。

我们这里还有一位叫郭辉的，他会做麦秸秆画，他是一位小儿麻痹症患者，虽然手不能举，生活不便，但是在这里，他也是一位艺术家。将麦秸秆切片刮平，用电烙铁烤出渐变色，然后进行剪裁和胶粘，一幅画需要花费两周的时间，但是郭辉喜欢这份工作，充实生活的同时，每幅画也可以带来200元的收益，在培训基地里，很多人的生活都发生了改变。

我的创业史，和我们改革开放这几十年走过的历程有点相似，中间布满了荆棘，布满了坎坷，尤其是对我这样一个残疾人来说，要付出更多的努力去克服困难。

但是一路走来，我已经为很多残疾人朋友谋到了他们应得的一些福利和幸福。

未来3年，我想成立中国残疾人电商联盟，以鹤壁市为辐射点，推广到河南省乃至全国，带动更多的残疾人和贫困户就业创业，成就自我！

国家的发展和强大给了我们更多的机会，让更多的人都有了用武之地，我们不一样，我们也一样，我们都有中国梦，只是实现的方式不同。

我的中国梦

祝祖国更加繁荣昌盛，希望更多残友们不等、不靠、不要，通过自己的努力脱贫奔康！

就算爬，也要爬出我的路
——犇犇肉牛养殖场场主潘远香

潘远香的经历更为坎坷，而她的成功，更为来之不易。中国梦是什么？就是这种要强的精神，就是自己变好的同时还要想着别人的精神。她说——

“当我要在老家养牛创业的时候，整个村子炸开了锅，几乎没有一个人看好。

“创业之初没有人相信我会成功，我偏不相信这个邪，就算爬，我也要爬出我的路！”

潘远香，四川省宜宾市屏山县犇犇肉牛养殖场场主。从瘫痪到学会爬着走路，从卖房养鸭失败到克服困难带领农户们养牛致富，她敢想敢做，最终趟出了一条“牛路”。

一场火，让我学会了爬

我叫潘远香，是来自四川省宜宾市屏山县一家养牛场的场主。

从小到大，我走到哪儿回头率都比较高，不是因为别的，而是因为我走路的姿势跟别人有点不一样，我的下半身，因为小的时候生病，治疗不当瘫痪了。所以只能给我的双手，穿上拖鞋，四肢着地爬着走。

从我3岁瘫痪了开始，我的父母就一直把我放在一个筐里，尽量不让我出门。从5岁起，只有上半身能正常行动，便在家厨房里面负责生火，什么也干不了。一直到我7岁的时候，妈妈把我放在灶台旁边，我本来想添一点柴火，把它快点煮熟妈妈回来就好了，结果一下子柴添多了，火喷了出来，一大堆柴一下子点燃了。当时就是人本能的反应，顾不上什么，一个跟头就这样摔下去，一边爬一边在那里喊：“快救火，救火。”

我不知道哪来的那么大的力气，还把门给拽开了。那时候我惊呆了，在地上趴着，惊呆了。我舅妈也很惊喜地问我：“三儿，你怎么会爬了……”其实从那天起，我就觉得我不是一个废人，我能靠自己，能爬出去。

我常年都是这样，在地上爬着走。小的时候没有拖鞋，就是光着手，再后来就是自己用稻草编的，可以穿在手上的那种。后来就是父母不要的那种半截的鞋，就当成手里面的鞋子穿。那个时候，一到冬天就特别冷，双手全是冻疮，四川那边本来就容易冻伤。那时候上学，无论到哪里都是光着手，手上全是泥，厚厚的茧子就是一个一个地长，慢慢地这个茧就越来越深。然后到夏天的时候，那个地晒得特别热，地是滚烫的，趴下去手“煎”得特别疼，说得夸张一些，就像我们油下锅，把这个东西煎了，发出那种“嚓嚓嚓”的声音。茧没那么厚的地方，常常就成了大个儿小个儿的泡。长了泡之后，一次两次好了之后就撕掉，之后又长，久而久之，茧越来越厚，越来越厚，到现在茧子厚得都可以在手上绣字了。

为了让我将来能养活自己，我爸妈开始送我去读书，送我见外面的人。

小时候上学，对别人来说一条普通的路，对于我来说就是一条险路。因为我上学时要下一个坡，再爬一个坡，这中间还有一条河。这个河一到夏天涨水的时候，我这样趴下去的时候，我的整个身子，包括我的头全部都会被淹。而且下雨天，特别下得大的时候，我的整个脸都会被泥浆糊上。即使整个脸都糊上，这个问题都可以解决。我觉得没事，但是过河的时候，水大了的时候，就会把整个身子都淹没，因为水位高了就会淹过头，所以别的同学去上学，我就不去，就在家里面，这样三天打鱼，两天晒网，但最后成绩还不错，每学期都能拿到前面的名次。

虽然我的成绩一直不错，但到初中毕业时我却要面临辍学的境地。看到与我一直做同桌的妹妹不断地收到录取通知书，选好了学校，我的心里很不是滋味。难道无论我怎么努力，都不能摆脱待在家里的命运吗？就在这个时候有一所高职的老师来到我的家里。

距快开学还有几天的时间，他来我家里，看到我做事情很麻利。像我们农村推豆花，我都可以自己推豆花，点豆花。吃饭的时候，我把我们农村上好的菜都摆在了桌子上，而且都是我自己做的。他觉得我不像是一个残疾人，并不是什么都不能干。他说我回去跟领导请示一下这个事情，说一下你这个特殊情况，看能否接收你，我过两天给你打电话。

那个时候我们村里的电话，是像广播一样吊在村里。那位老师第三天打的电话，当时听到广播：某某村某某人接电话，到哪里哪里来接电话。我当时两步并作一步走，心里面很着急，慌慌张张地去了。接到电话后这位老师说："你可以明天来上学。"我妈妈就把我的行李全部收拾好，我就继续开始了求学路。

就这样我爬着读完了高职，又爬到县城里面搞家装设计，终于爬出了我人生的第一桶金。

孩子的出生，给了我再拼一把的勇气

当时我高职刚毕业来到了宜宾，立刻就被城市的繁华吸引住了。我当时打扮得很漂亮，如果有一个轮椅坐上的话，他们应该不会用奇怪的眼光看我。本以为来城里找工作机会多，但我跑过一个酒厂，还有一个玻璃厂，去问要不要招残疾人，保安立刻就撵你了："快走，快走，怎么会要你。"根本就不让我进去。

这城里面这么繁华，我不可能来了就这样走了，得想一个办法在这里立足，我不想回去。

下定这个决心后，我觉得我必须转变思路，一定要让自己从找体力活到干脑力活，我觉得需要学习新技能才行。最终在一位朋友的帮助下学起了装潢设计，最终也在城里买了自己的第一套房子。

在我刚买房子以后，一切看上去都是顺风顺水，但是一个男人出现了，改变了我人生的轨迹。当时有很多人都给我泼冷水，我自己顾不了那么多，我觉得我打心眼儿里就这样想，要跟他在一起过日子。后来我有一个新的想法，就是能不能做一个小小的老板。那会儿也有人跟我说，你就别瞎折腾了。但我觉得我当初一个人都能攒钱买下房子，那现在不更好了吗？这时身边还有一个人，我还怕啥？

我把房子给卖了，加上自己有一点积蓄，跟朋友也借了一部分钱，开始养起了鸭子。开始的行情觉得还可以，最后大批量出售的时候，赶上禽流感那年一下子全部没了，钱也赔光了。

就在这个节骨眼儿上，我怀孕了，结果就在我快临产的时候，他突然消失了。这下我傻了，怎么办，大着个肚子，还欠了一大笔债。当时不仅是乡里邻居说，我家里也这样说，觉得太丢脸了。那个时候真的太苦了，感觉自己好像是一个废人，什么都干不了，每天大着个肚子，在市场上逛来逛去，捡剩菜吃，我也不知道该怎么活下去，天天哭。

一直到眼泪都快流完的时候，我表姐来了，把我送到了医院。我一个好朋友和另一个表姐给我垫付了医院剖宫产的费用，就这样孩子平安地来到了这个世界上。

孩子的到来，让我感觉在这个世界上，还是有很多东西是值得我去期待的。

我后来养好身体，又带着孩子重新回到了城里，做起了装潢设计的老本行来挣钱还债。可装潢设计越来越不景气，我的生活再次陷入了危机，也正是这次危机，使我最终走上了养牛路。

那个时候听舅舅说，乡下农村具备劳动力的年轻人几乎都出去打工了，留下的都是老弱病残。我们屏山县是少数民族自治县，也是特困县、贫困县，为了鼓励年轻人返乡创业，政府会补助乡亲们发展畜牧业，就像我们之前买的那种耕地的水牛，不论是对农户还是扶贫户，政府都有补助。我当时听了觉得养牛挺不错的，我觉得回家养牛胜算更大。于是我第二次回到村里，这时候距离上次养鸭失败已经5年了。父母姐妹都以为我是解开了心结，是回家过日子的，结果我第一句话就说：“我要养牛。”这一决定遭到了家人朋友的一致反对。

一个朋友说，正常人能够站着走，你现在是爬着走，如果你生意一旦失败了的话，可能你连爬着走都困难了。另一个朋友说，你就放下这个念头，说到时候你赔光了怎么办，你把你自己卖了也不够还债。母亲说，要是失败了，我们都没脸待在大乘镇了。

也许就从7岁那年我从火堆里爬出来的那一刻起，就决定了我不会轻易向生活服输。

蹚出一条“牛路”

没有人帮我建牛棚，我就一个人画草图、和水泥……没有人陪我去买牛，我就自己去请教养牛行家，上网查资料，考察肉牛产业现状，先爬到云南，又爬到内蒙古，最后爬到辽宁，辗转了几个省去寻找优质的种牛。

可资金问题一直困扰着我，没有资金找到再好的种牛也没有用。我想了一个办法，让农户跟我一起养，我给他承担一半的保证金，让他自己出一半的钱，回收回来的时候，10元钱1斤回收回来。那么我唯一能够赚到的钱，就是我把牛买回来宰杀这块，这是我唯一能够赚到的钱。如果带领农户一起养牛，既可以解决资金压力，同时也可以扩大养殖规模。

我找到了我们那的畜牧站站长李玉奎，跟他说了我的想法。开始他跟别人一样觉得我不一定能养成，但在我的讲述中他又觉得我说的话不像是空口白话。后来李站长曾几次未通知我，来到我的养牛场默默观察。他看到我爬行着喂肉牛的场景，最后被我感动了。

他带着我到撕栗村去开了一个现场会，可是现场会还没有结束的时候，来的村民就陆陆续续地走了。他们不相信我，特别不给面子，直接说："最起码，你得找一个四肢健全的人来说话，像你这样的，怎么可能相信你能喂牛，你是这样爬着走的人，怎么会相信你有这个实力来喂牛，差不多是牛来喂你。"

确实，一个人走路这样子，看上去好像是要饭的，怎么也不像是个老板。我先后去了撕栗村5次，可每次去都是无功而返。最后我想了一个办法，让村书记和畜牧站的站长做见证、做担保。有了可靠的担保，我也开放了我的养殖场，随时欢迎村民来学习。

可是这时候新的问题又出现了，喂头牛的成本算下来，杂七杂八的一年下来就是两三千块钱，你喂一头牛两三千块钱，喂两头牛是五六千块钱，如果说他想喂十头八头的话，这个资金没法解决。银行不贷款，又加上饲料之类的，算下来赚不了钱。

我几次找到合作社、找到银行，最后依靠相关的扶贫政策和贷款解决了这些事，终于蹚出一条"牛路"。创业一年后，我的牛棚盖起来了，也陆陆续续地有人来找我买牛。乡亲们看到了，潘远香不是在吹牛。

那个时候就没有人再怀疑我，以前那些说我养不了牛的话，就全部成为过去了。先后有40多家农户，加入了养牛的行业，还有跟我一样的23名残疾人，也跟着我一起养牛。

养牛场的成功让我越来越自信，我觉得只要你脚踏实地，不管你处在什么样的环境，你是什么样的身体情况，只要你敢努力拼搏，梦想总能实现。

除了能带动乡亲们养牛致富，我也很开心能通过我个人的经历，激励更多的年轻人和残疾人朋友们，敢想敢做，去追逐自己的人生梦！

我的中国梦

发扬劳动创造精神和创业精神把吉他做好，让中国制造变为中国创造，让全球的吉他爱好者拥有我们中国制造的吉他。同时带领家乡贫困的老百姓脱贫致富，使他们能够在家门口就业，能够照顾老人，照顾孩子。回馈社会，造福人民！

一把吉他，让我的家乡不再穷
——神曲乐器制造有限公司董事长郑传玖

离乡打工易，回家创业难。真正能回到家乡，建设家乡，并且把家乡建设好，难上加难。郑传玖从外出打工，到在外办厂，再到把工厂搬回老家，他这种一步步升级难度的行为，为难的是自己，幸福的却是他家乡的所有人。

他说："从大山深处走到大城市不容易，那条坎坷的山路，我花了10年的时间才走出来。而现在我又带着我的工厂回到大山，那个生我养我的山区不能一直贫穷下去，她需要我们回去，去建设她！"

郑传玖，神曲乐器制造有限公司董事长。10年创业，他将吉他厂搬回自己的家乡遵义市正安县。目前，他的吉他已出口到美国、日本等20多个国家和地区，成就了正安县“中国吉他制造之乡”的美誉。

南下打工整10年

我是郑传玖，一个来自大山的孩子。

我的家乡贵州省正安县是一个国家级深度贫困县，从村里到县城就要走30里的山路，是一个信息闭塞的地方。

山地的耕地不多，只能靠天吃饭，种一年的地只能够半年吃。村子里没有水，只能靠接泉水，7岁的时候我就跟着哥哥上山去抬水喝。记得有一次，我和哥哥去山上抬水，那天的泉水滴得特别慢，等一桶水滴满就已经是半夜了，我和哥哥小小的两个人抬着水走着山路，又饿又累，可家里连红薯、玉米都没有，那时候我就想：要是能大米饭吃到饱那得多幸福啊！

因为家乡太穷，很多人都出去打工。

1993年，我哥跟着老乡出去打工，结果到了广州火车站，他和老乡走散了，在广州迷路了，当时他身上就30块钱和我们堂哥写给家里的一封信，信封上有地址，可是他在广州人生地不熟，根本找不到堂哥。他在火车站流浪了3天，钱花完了，没有饭吃。后来有一个好心的湖南人看到他，才把他送到了我们堂哥那里。

1997年年初，我也南下到广州打工。可打工的人实在太多根本找不到工作，只有打零工，在劳动市场只要一有人喊“招工了”就马上跑过去抢机会，日子过得是饥一顿饱一顿。记得有一次，我在一个工地扛水泥，平时我们扛一天的水泥才5块钱，有天晚上我和两个工友3个人扛了一车水泥，挣了5块钱，这额外挣的5块钱让我高兴了好几天。

那时候我哥郑传祥在广州一家吉他厂上班，他怕我辛苦，怕我累，经常跟我说：“不要太辛苦，也别去挣歪门邪道的钱，没钱就跟我说，我的钱就是你的钱。”每个月他发了工资，就先给我送几百块钱，他宁可自己不花钱。

后来我哥在的吉他厂招人，他第一个就把我带进了工厂，就这样我也去了吉他厂打工。

我俩都好学，刚开始工作的时候都是基础工作，我哥忙完自己的就去别的车间学习，当时也是有私心的，想万一哪天有机会了说不定就能当主管了，就这样把车间的各个工种都学了一遍，后来就真的有机会了，我哥就做了主管。我也是从包装开始，啥也学，到后来就有别的工厂来挖我们，说能挖来郑家两兄弟，工厂就能搞好，因为我们什么都会。

2000把吉他被我烧了

这一打工就是整整10年。2006年的年底，我突然有了一个想法：我们这么多人为什么要给别人打工，为什么不能自己创业？于是，我就带领着正安县十几个打工仔在广州开起了自己的吉他厂。

2007年6月26日，我们的吉他厂开工了，一开厂才知道，创业是如此艰难。

我们刚创业的时候，工人都是以前的工友，工资是很低的。2006年，工人在外面工作的工资是2500，可我只能给出1300，还经常不发工资。有一次，公司买了一台机器，差3万元尾款，我实在拿不出钱了，可司机说不给现金不卸货，这时候我们一位员工陈建松就从自己的银行卡里取了3万块钱给我，这才化解了危机。

陈建松为什么会这么做呢？1999年，陈建松去广州打工，可找不到工作，只能打零工，当时的广州查暂住证，没有暂住证就要罚款500，或者拘留3个月，陈建松只能东躲西藏。2002年，陈建松和老乡一起吃饭时认识了我和我哥，当时我问他会做吉他吗，陈建松说会，其实他根本不会，但就这样他进了吉他厂，有了稳定工作，所以他心怀感恩。

记得2007年的7月份，我们厂接到了第一批订单，当时客户来我们厂考察完，说要定200只吉他，我们都很高兴，觉得未来充满了希望。等大家充满干劲地把吉他做好要出货的时候，对方来验货，说产品质量不好，最后只要了70只吉他，掉单130只！这件事对我的打击特别大！我甚至都怀疑自己创业到底对不对，可消极并不能解决问题，我决定自己检查，把全厂的吉他过一遍，质量不好的全部烧掉！

壮士断腕，为的就是能在市场站住脚跟。

我们曾为了提升吉他品质，烧了2000把吉他损失40万元。我们这些人都是打工仔，没有人脉、没有资源，如果不严把质量关，企业还怎么立足呢？到现在我们也会烧吉他，只要是不合格的，我们全部烧掉，哪个环节不合格，就让哪个部门的工人来看着烧，这样让大家知道质量的重要性。

2008年，我们遇到了金融危机，当时我们有一个塞维利亚的订单，是给一家美国品牌做代工，7000只吉他要出仓的时候，突然通知我们，那家美国公司破产了，这7000只吉他全部压在了仓库。工厂没有钱也没有订单，没办法我们只能裁人，从80个人裁到只剩下20多个人。

很长一段时间我们没有订单，我们就利用这个时间去研究品质。我们把吉他送给夜场歌手，去问他们的意见，再回来改进吉他。

就这样凭着吉他的品质，我们终于迎来了春天，从2008年10月份开始，工厂订单不断，短短两年时间，就将吉他卖到了全球10多个国家。

2018年10月，我们听说上海有一个乐器展，我们就做了30把吉他去参展，租了一个9平方米的展位，我们也不懂外语，就请了外语学院的一个学生来当翻译。当时有一个巴西的公司负责人，来来回回看了我们的吉他好几次，然后当场下了2000只吉他的订单，打了7万块钱给我们。从那以后，我们厂的订单就接连不断，这个巴西的客户到现在都在合作。

关掉6000万的厂子，我要回家乡

我有钱了，在广州也能立足了，可我的家乡正安县还是一个深度贫困县，每次过年回家，看到家乡的样子心里都会很难过。2013年，我做了一个重要的决定，就是将吉他厂搬回老家——正安县！

我们原本在广州工厂的产值平均每年是6000万，可后来为什么放弃原有阵地，回正安了呢？

当时正安县还没有修路，没有高速，回家的路是盘旋的山路很难走。2012年的时候，政府要招商引资做一个产业园，可是也没规划好具体做什么，当时的县长就来找我谈。我们就想：这是我们自己的家，要是我们不回去，那谁愿意来呢？

还有一个小故事，就是有一次我们一个员工的爸爸生病了，他着急回家，可是买不到火车票，也买不到机票，我就找了一辆私家车把他送回家了。当时他就说：要是正安有500块钱一个月的工作，我都想回去。

在广州的时候，我们每年都会给员工买过年回家的火车票。当年买火车票是我和我哥还有陈建松，我们几个晚上抱着被子睡在火车站，一人排一个队，只要到售票时间了，就赶紧过去，给100多个员工买，广州的春运火车票太难抢了，我们必须要保障员工能回家过年。我们很多工人都是正安人，也想在自己家工作，可家里没有能打工的地方，所以我们就决定搬回来。

迁厂那天正值年底，我们没有给工人买车票，而是请了三辆大巴车，当时我跟大家说，工友们，在外打工辛苦了，我们回家吧！三辆大巴车开进来，我们坐着车回到了正安。

搬回正安以后，与广州相比，成本是大大增加了。没有路，我们的运输费每年增加一百多万，而且没有相关配件，我们机器坏了买配件维修得从广州买了寄回来，来来回回增加成本。但这都是暂时的，现在我们正安县通了高速公路，而且由于我的回归，又陆陆续续迁来了很多吉他工厂，现在正安已经有了吉他产业园，而且在2015年就被称为“中国吉他制造之乡”，2017年产业园的产值就有40多亿。

现在我们产业园为周边提供了10000多个工作岗位，每个人的平均工资是5000元，有的人能拿到七八千元，最高的时候拿17000元。比如我们的一个员工卢伦刚，2015年回到正安，打磨一个吉他是2.5元，他每天早上6点来，晚上7点走，速度比别人快，质量比别人好，自然挣得多。他的妻子也在神曲上班，一个月3500元，两个人加起来是个不小的收入。他家里有老人，还有两个孩子，现在在村里盖了两个大房子。

一人进工厂，全家能脱贫！2017年是神曲乐器制造厂建厂10周年，晚会上，我送了8辆小轿车给员工！

正安以前穷，是因为没有那么多工作的机会，现在我们提供了工作机会，周边村子的人都来这里打工，每天下班的时候，看着工人们骑着电动车回家，我心里都觉得很自豪。

现在的正安县不仅通了高速公路，还实现了道路村村通、组组通，现在再去我们正安县，您就可以弹正安吉他，听正安神曲，品正安白茶。

在改革开放的浪潮中，大家纷纷南下打工，才有了我来到广州，接触吉他的机会。而返乡创业的好政策，也为我们回山区增强了信心。目前，我们的吉他主要是出口到国外，因为我们主要是给世界知名品牌做代工。未来我的目标，是要创立自主品牌，目前我们研发的自主品牌已经有了4款吉他。当然我们希望能把自己的品牌做成一线品牌，把中国制造变成中国创造，终有一天，中国自己的吉他也能成为世界顶级吉他！

第三章

用中国文化，传播中国梦

“中华民族从5000年绵延不断的悠久历史中走来,创造了博大精深的中华文化,孕育出世界唯一没有断流的中华文明。”

习近平总书记指出，文化是一个国家、一个民族的灵魂。在当代中国，文化自信是具有科学性的时代命题，是中华民族生生不息、走向复兴的精神源泉，是中国特色社会主义破浪前行、繁荣发展的精神武器，是中华民族屹立世界、面向未来的精神脊梁。

近些年来，中国的文化输出越来越多，中国的文化影响力也越来越大。中国话、中国字、中国舞、中国的京剧和中国纹样……无不成为世界瞩目的文化瑰宝，让不同肤色的人都为之惊叹：“哇！快看中国！”

我的中国梦

写好中国字，做好中国人！

写好中国字，就是中国文化的优秀传播者
——中国当代书法家苏士澍

中华文明是全世界唯一不曾中断的古老文明，它的文化灿若星辰，博大精深。而汉字就是我们中华文化的基因，既是中华精神，又是中华文明的一个很好载体。汉字是我们中华几千年文明中最有价值，最精髓的内容之一。

一字一世界，一笔一精神，书写是对文字的最高崇拜。

“写好中国字，做好中国人。”这是苏士澍对中国字的深刻理解，他认为，传播中国文化，先从我们自己喜欢并传承中国文化开始，而最具代表性的中国文化，就是中国字。写好中国字，就是中国文化的优秀传播者。

苏士澍，中国当代书法家。现任中国书法家协会主席，荣获中国文联“德艺双馨”百家会员称号，第十届中国韬奋出版奖获得者，享受国务院特殊政府津贴。长期致力于中国古代书法碑帖的编辑出版和文物书籍的抢救工作，在他的推动下，传统书法艺术正在走进越来越多的中小学课堂。

一字一世界，一笔一精神

今天我们每个人的生活、工作，都离不开电脑，离不开手机，但是当我们在键盘上，每天噼噼啪啪打ABCDE的时候，我们从小就学会的一横一竖一撇一捺是否会慢慢地，从我们的记忆中淡出呢？

汉字是我们中华几千年文明中最有价值，最精髓的内容之一。对我来说，可能有更深刻的理解——

我是苏士澍，关于“写好中国字，做好中国人”，我有一点体会，今天拿出来跟大家共同分享。

本人1949年出生，家里也是一个小的知识分子家庭，有笔墨纸砚。从小爷爷奶奶教我好好写字，耳濡目染，所以没上学之前就要练字，认符号。如果那个时候不写好字，爷爷就会打手板，所以小时候给点压力不是件坏事，让我从小就养成了练字的习惯。

在1965年的时候，北京电视台搞了一个“全国少年儿童书法比赛”，我由于有点基础，看到《少年报》上登的消息，就去参加了，后来得了一等奖，心里特别高兴。电视台到时候公布我是一等奖，有著名的书法老师去给你评奖，我非常想看到自己得奖上电视。那时候很穷，虽然有的家庭已经有了电视，但那都是万里挑一，像我们这种穷孩子看不起电视，所以我们少年宫的几个同学想了半天，说北海有电视，然后我们就买张票到北海，到北海一看锁着门呢，也不成。我们马上说团城有电视，我们又去了，还是都没看成，里面全都锁着门呢，我觉得到现在为止这事还是个遗憾，那是三个一等奖之一。在电视里老师会亲自点评，这个就太了不得了，结果没有看上，那会儿的情况就是你再找到电视，节目也播完了，不像现在拿出手机，我们动动手指还能回看，所以这是一辈子的遗憾。

但是一等奖奖品是一个草纸板的功课表，到今天我还留着，为什么？因为它启迪我从小学汉字，写毛笔字的心灵，所以从那以后我就好好地去写。

在工厂，到工作单位始终没离开写字，后来因为我姑父他喜欢用鸡毫笔写，鸡毫笔很软，没有卖的，怎么办呢？我就拿着鸡毛，让人帮着给做，我也不懂怎么做，开始怎么着也不行。后来我有一次到工厂上班后，到上海出差，在河南南路老周虎臣笔庄一看，这儿有鸡毫笔，价钱吓我一跳。卖多少钱呢？15块钱。我当时工资才21块钱。第一次我看了看、拿了拿，舍不得就放那儿了。第二次去又没钱，第三次鼓起勇气一定去，非得要买不可！为什么呢？就那么一支15块钱付给人家了，那一管鸡毫笔到现在我还留着，非常好！从那开始引起我对书法、对鸡毫的认识，所以我觉得：我们从孩提时代到工作，一定可以把汉字和你的兴趣融到一起，这样的话自己才可以一点一滴地去发挥作用。

所以说汉字是一字一世界，一笔一精神，书写是对文字的最高崇拜。

你书写得越多，我们对汉字就理解得越深；你如果书写得越少，你对汉字就理解得越来越少。

现在手机输入法，大家全用拼音去打汉字了，这可是一个大问题。所以我觉得我们从现在开始，要好好地提升自己对汉字的认知、对汉字的理解和汉字的书写，好好地理解它。

因为通过我自己来看，每写一个汉字，它都不是孤孤零零的。因为这个汉字与你的文化、你的内涵和你所书写的内容完全融为一体了。

俗语说“字如其人”，那是有道理的。我们这么一个国家，五千年的文明历史，经历大汉时期、盛唐时期，不管时代怎么向前，从甲骨文、金文、大篆、小篆、隶书、草书、楷书、行书、简化字，字体可以演变，但是汉字不能丢。如果我们现在都用拼音了，没在我们特别是在孩子的头脑当中，扎下汉字基本功的根，那么，我觉得不久以后，大家提笔忘字，就是屡见不鲜的事。

如果大家提笔不会写了，早晚有那么一天，连汉字都会不认识了。中国人如果连汉字都不会写，都不认识了，还是中国人吗？

所以有时候我一直在想，我们政协委员到全国各地去调研，发现孩子们特别是小孩幼儿园时代写字握笔姿势错误，还有大一点的男孩子写字时，纸都不放正，歪着放，他们觉得是一种美。这个我认为不赖孩子。为什么？因为该赖我们的教育。为什么很多孩子知道的都是七个小矮人、白雪公主、米老鼠、唐老鸭这些国外的故事和人物？因为我们现在生活条件好了，很多孩子从小喝牛奶，吃面包、麦当劳、肯德基，这些就在我们生活的周围，和我们紧密相连。

写好中国字，从娃娃抓起

我在北京很好的一个学校去调查了解，问学生家里有西洋乐器的举手，小朋友个顶个地举手，百分之七八十；问家里有毛笔的或有笛子类的中国乐器的举手，连百分之二十都不到。所以我就说，面对今天西来的快餐，舶来的动画，现代化的电脑、电玩，中国人对中华民族传统文化还有多少了解和认知呢？为什么我们使用笔墨纸砚的时间会越来越少，中华民族在青少年身上流淌的血液到底是多还是少？

一个美国人叫卫三畏，他在中国干了几十年，他说如果中国走拼音方向，用不了很多年，中华民族就会像西方一样变得四分五裂。大家都知道美国尼克松总统，打开中美建交非常好，但是他在写自己的回忆录《1999年：不战而胜》当中，曾经这么说：“有那么一天，中国的年轻人放弃他们老祖宗和他们的传统文化，我们美国人就不战而胜了。”

你看看多么犀利的语言，我们听到这些话，心里有什么感受？所以我说写好汉字是关系到民族自尊、民族自信、民族凝聚力，乃至国家文化安全的大事，一定把“写好中国字、做好中国人”提升到国家战略层面去重视。

我们在今天要建设文化强国，增加文化软实力，推动中国文化走向世界，那怎么办呢？必须从现在做起，从娃娃开始做起，“写好中国字、做好中国人”。

其实小时候，我们很多人也上过书法课。我要说一个我的感受，尤其对于一个小男孩来说，写这个书法特别容易坐不住，尤其一开始描帖时，写两笔就烦了，就想出去打球、玩弹球去。小孩不愿意写，爷爷得给你两个巴掌，让你踏踏实实，这个时候强迫性也有好处，实际上你真正要写起字来，精神是很集中的，写字对于孩子培养精神集中是绝对有好处的。

调查研究发现，脑一边是感性的，一边是理性的，我们所有的英文、德文、法文都是平面的，只有毛笔字它有提和按，一提一按这边的，横平竖直是这边的。笔是软的，墨是稀的，纸是洇的，软笔蘸着稀墨写在洇纸上。这时候孩子们写字，发现字粗了、洇了，墨弄得脸上都是墨，他们的左右脑同时集中到这个字上，精神就集中了。

我做了很多统计，一个孩子在一个班上，凡是写字好的基本都是三好生，还在班里都是排前几名，就是写字提升了注意力。这个对家长比较有说服力，就是写字好，成绩也好，家长会觉着这个很重要，没有因为学习书法而耽误了学习！

有人问写大字对孩子有天赋之说吗？天赋顶多占20%多，那80%，就是俩字“勤奋”！就是说一定要既给孩子们点压力，还要培养他们兴趣，还有一个，跟老师是分不开的。

我们到少年宫以后，是刘博琴老师来教我们。我是1963年上初二的时候，考进去的，不是说家长花了钱就可以，不用花钱，那会儿第一没有学费，第二所有的文房四宝，都是少年宫准备，就去一个人就行了，但是你得考。

刘博琴老师教我们那真是很认真的。大家每礼拜六的下午，都到这儿来跟老师学习，有的时候天气不好下大雨，我们一个个都淋得落汤鸡似的，担心老师岁数大了是不是不会来了。这时候门开了，老师打着伞，在外面收伞甩水走进来，大家很感动说刘先生您怎么来了。刘先生很平静地说，你们可以少来一两个，我不能不来。这件事大家至今想起来，心里还热乎乎的，所以我就说，老师的这种模范作用，太让我们感动了。

现在很多喜欢写字的，可能是上了岁数的朋友，年轻人当中真的很少了。可能现在属于一个汉字书写的危机时代，未来可能还有很多方面的工作需要去做。我们全国政协书画界的委员都提出来了，我在

2009年就提出来，加强青少年汉字书写刻不容缓，2014年在全国政协大会上发言，“写好中国字，做好中国人”，那就是针对当前年轻人书写能力减弱，书写的时间越来越少提出的。

怎么办呢？

所以我们提出来了，要让书法进课堂，让孩子们都学习书法，现在十一套教材正式颁布了，教育部也发表了全国《中小学书法教育指导纲要》。书法已经开始进课堂了，我觉得经过十几年的努力，确确实实在全国，在家长们的大力呼吁下，书法进课堂是做到了。

现在唯一的问题是什么呢？书法进了课堂了，老师没有，这是个问题，因为在1965年以前，全国只有浙江美院，即今天的中国美院，以沙孟海、陆维钊为首的，他们成立了一个书法专业。

今天已经有200所大学都开了书法专业，这可以说对书法的普及和提高非常有好处。但是书法没作为一类学科，还是在美术学、国文或哲学等门类里头下属的二类学科。现在如果把书法变成一类学科，那每年毕业的2300~2400个本科生、研究生就可以奔赴一线，教孩子们学书法。

不管是大人还是小孩，作为一个中国人，我们要写好中国字，做好中国人。

特别是在2014年“六一”儿童节前夕，国家主席习近平到北京民族小学看孩子们写字，提出来书法课必须坚持，因为那里边有精气神的东西。他表示书法是中华文化瑰宝，包含着很多精气神的东西，一定要传承和发扬好。主席这么一号召，全国各地的青少年，像雨后春笋一样都去写汉字，包括国家主席习近平夫人彭丽媛，走到哪儿都要用流畅的书法和各国外交使节的夫人交流，让她们领略书法的魅力、中国艺术之美。

现在是一个全球化的时代，各种文化在不停地交融，现在又是一个科技大发展的时代，有各种各样的先进的手段，但是我们最不能忘记的，就是我们文化的根本。我们要记住“一字一世界，一笔一精神”，所以就从我们今天做起，就从我们自己做起，紧握汉字书写之笔，让我们用心去感受汉字书写之美。

我的中国梦

为时代而讴歌、为社会而服务、为国家而贡献、为人民而造福，所以文化更是中华民族的精神力量。

人总该是有点热爱和信念的
——当代著名京剧艺术家孟广禄

机会是留给有准备的人的。

一个人的一生，难免会经历坎坷失败，经历挫折落魄，但是，有信念的人，真正热爱自己所从事的事业的人，更会为这些可以预知的困难做好准备，用信心、毅力、努力去克服困难，从而获得事业上的成功。

孟广禄就是一个热爱京剧，终生投入在京剧事业上的人，他说："我为京剧而生，而京剧也是我永远追求的事业，我将永远忠诚于它，为人民唱好京剧。"

孟广禄，当代著名京剧艺术家，花脸表演名家代表，国家一级演员，享受国务院特殊政府津贴。现任中国文联副主席，天津青年京剧团团长，曾获得“中国戏剧梅花奖”“中国京剧之星”“文华表演奖”等殊荣。

别人和我比父母，我就和别人比明天

在2016年12月召开的中国文联第十届全国委员会第一次会议上，我当选为新一届文联副主席。

我有众多票友，也曾两度摘得中国戏曲“梅花奖”。可没有多少人知道，我在刚刚入行的时候，曾屡屡碰壁，多年苦学勤练却没有人“瞧得上”——

我是孟广禄。一个人的一生，没有多少可以记得住的事，但也肯定有忘不了的事，比如坎坷，挫折，以及踏平坎坷战胜挫折之后的喜悦。

我家里没有人干京剧这一行，京剧是我毕生喜爱的事业，就算只能靠自己我也绝不放弃，年轻人都应该这样。有时我认为有点成绩了，但是我怕自己得意忘形，便写了一句话自省：成功美在辛苦日，得意败在忘形时。

小时候家里条件不是很好，差不多是揭不开锅。我妈妈生了9个孩子，但其中就有3个孩子在很小的时候不幸夭折了，还剩下3个哥哥，2个姐姐，我是家里最小的。因为家里穷，当年父亲便带着一家人到天津谋生。

我记事的时候，家里那阵儿轴线，很多人都不知道，什么叫轴线，木头轴，轴线，七分钱一轴。我过年时候穿的裤子都是我哥哥他们以前穿过的，把裤腿挽在里边再用线给缝上的，就差一分钱就买不了那一轴线，这六分钱就摞在那桌子上了，从大年三十摞到过完年。怎么办呢？就拿那膏药，拿剪子剪了在里边贴上，没有线，因为买不起。

在我四五岁的时候，偶然一次听半导体里唱戏，就非常喜欢。当时我们家的一个邻居，也算是资深票友，就会给我讲京剧的唱法，我就照着半导体的感觉去唱。

那时候，很多人都到天津的海河边上唱戏，我没事也去河边喊嗓子，并下定决心要走京剧这条路，我对京剧可以用痴迷来形容了。就这样，一坚持就坚持了10年。

考天津戏校是我当时梦寐以求的事情，1977年的时候我14岁，我就去报考了，没想到人家不要我。当时家里穷，一分钱也拿不出来，就算考上也没钱上。

后来我也是赌气，天天跑海河边去练，废寝忘食的，我就不信我练不好。

过了两年，16岁了，我想天津不要我，我试试北京，就是抱着试试看的心理去的，结果中国戏曲学院把我录取了，当时全天津市就一个名额，就我一人。

那时候心里真美极了，真叫幸运。有了这个幸运，咱也不能辜负，在中国戏曲学院学习的时候，我真的是很努力，也很勤奋。

那时候，学校不仅一分钱学费都不收，还给我们每个月52元的补助，这在那个年代是一笔相当可观的收入。因为家里穷，自己好不容易有点钱了，得想着家里，每月就花10来块钱，舍不得吃。有的时候中午饭不吃，别人都去吃饭了，我躲一边去，练声、唱戏，这样就不饿了，练着练着晚上就到了，一天吃两顿，其实吃不饱，你说能不饿吗？但是得想着家里人啊，家里更不好过。

那时候，有的同学都买上自行车了，每个月的钱也不少，人家都是啥家庭，咱跟人比不起。

我就想：别人和我比父母，我就和别人比明天！

从拉幕到名角儿

当时，我是很有志气的，我的专业课成绩是最好的，老师都很喜欢我。可是谁知道，临毕业的时候，别的同学，有的专业课还不如我的，都分到了好地方，你猜把我分哪儿去了？河南！那河南是豫剧地盘，我一个唱京剧的分那儿，你说能干吗？

当时我真是不服气，心里也很难受，这时候有两个老师站出来了。我到现在都特别感谢他们，没有他们，我就不能到天津，可能也不一定有现在的我。这两个老师罢课，说孟广禄成绩这么好，怎么把他分河南去了，不能分河南，我们很看好这个孩子，学校要是不把他调回来，我们就不上课。没办法，学校把我又调回来了。当时我就回到了天津。

本想进天津戏校进修班继续深造，但是学校不肯收我。由于没有学校接收，我的户口也无法从北京落回天津，一下子成了“黑户”。那段时间，真是我最艰难的日子。

但是我就觉得我是金子，只要是金子，早晚会发光的，从来没想放弃京剧。

后来为了等待机会，我就在戏校里扫地、拉幕，一个月挣十几块钱。那十几块钱是真不够生活，可是没办法，坚持吧，每天都吃不饱。

当时很多同事，人家都当京剧演员了，都有摩托车开了。而我挣十几块钱连饭都不够吃，我还中国戏曲学院毕业的，饭都吃不饱，自行车都没有。

那时候，我在那儿一待就是3年多。平心而论，我的先天条件并不优越，我这么瘦小的身材再加上并非黄钟大吕的嗓子，也难怪当时不被看好。

但是常看戏的观众很清楚，当时我拉幕其实也是一个学问，它也是整个剧情的一部分，迟了或早了都会破坏演出效果，但我就是总是把幕拉得恰到好处。而且我跑龙套时的记录记得很清楚，什么时候上场，第几场，写得很清楚。虽说是龙套，但我也要求自己打起精气神，珍惜每个演出的机会。我可能也是一直在铆着一股劲。

有一天，我们团里花脸演员病了，没人唱戏可不行。当时实在是没人，也就是这样一个机会，我跟团长自告奋勇，我说我去，我这个“人才”终于有机会在台上露面了。

这一演还就火了，一发不可收拾……

这一个剧离不开我说的那个“一脚二进三心里”，一抬脚你是不是进了人物了，是不是从心里进来，“三形劲六心意八”，有了形了给你三分，有了劲了给你六分，从心里出来的东西给你八分，无意则十，在台上很随意的，而且很讲法的，那种东西出来最好。

这唱戏就是要跟观众交流，这唱戏有时动作就像踢足球，盘球过人，下底传中，临门一脚进球，它得进球。这把动作完了之后一拍肩膀，好腔儿就出来了，这唱戏要先打闪，后打雷，把这人物、把式更丰富了，戏就到位了。

当演员的，上台来落个什么？总得让观众看着你提神儿。

2016年我最骄傲的是遇到了很多喜欢京剧的年轻观众，京剧不仅是传统的艺术，也是时代的艺术，应该拥有更多的年轻观众。最近几年也在进行创新创作，《郑和下西洋》的创作，就是个新挑战，也是新的突破口。

只要你肯下功夫练，机会总是会给有准备的人。所以往后的很多年，我都不会忘记当年的一幕幕、一朝朝。

我为京剧而生，而京剧也是我永远追求的事业，我将永远忠诚于它，为人民唱好京剧。

人总该是有点热爱有点信念的，信念和热爱，会让你勇往直前，义无反顾。

我的中国梦

我的使命是把中国舞蹈事业发扬光大，让他们带着我的希望去传承中国舞蹈，从而为中华民族伟大复兴的中国梦尽自己的一份心力。

我的使命是把中国舞蹈事业发扬光大
——著名舞蹈表演艺术家陈爱莲

老骥伏枥，志在千里。有人以为梦想会随着年纪的增长而枯萎，人会变得越来越现实，越来越无所谓。但是，真正有梦想的人，在其一生追求梦想实践梦想的过程中，会把对梦想的热爱累积到更丰富更深厚的程度。越老越热爱，这是梦想的终极形态。

陈爱莲，著名舞蹈表演艺术家。代表作品：独舞《春江花月夜》，舞剧《鱼美人》《红楼梦》。

“有人说我是‘东方舞蹈女神’，也有人说我是‘时代的红舞鞋’，感谢大家对我的这些赞誉。如今我已在舞台上度过六十多个春秋，我仍然热衷于将中国舞蹈事业发扬光大，倾其一生，将自己奉献给这舞台。”

一夜之间我成了孤儿

我叫陈爱莲，是舞蹈演员、教员、编导、团长、北京市爱莲舞蹈学校的校长、中国舞蹈的传承人。我带着使命，要把中国舞蹈这门艺术传给下一代，教给更多的孩子。

其实，说起舞蹈，在我小时候，都不知道是什么。当时我们家的条件在上海来说能算中等水平吧，我印象很深的是，我们住在永安里143号独栋小楼，我出生在一个比较殷实的家庭里。

10岁那年，中华人民共和国成立了，上学的路上，到处锣鼓喧天，“解放区的天是明朗的天，解放区的人民好喜欢”的歌声深深地铭刻在我的心里！

当新书发下来的时候，里面的内容也和以前不一样了。也就是从那时候起，我们的课余生活多了，渐渐开拓了一些视野，知道唱歌、话剧这些了。那时候觉得自己家庭美满，生活幸福。

也就是那一年，我原本幸福的生活被猝不及防地打破了，我的父亲和母亲先后病逝离开了我们，那一瞬间就感觉天塌了一样，我和我妹妹一夜之间就变成了孤儿。

幸好当时已经有了街道居委会，我非常感谢他们组织了居民捐款，帮我们处理了母亲的后事，并联系了孤儿院，使我们恢复了正常的生活。我就是坐在三轮车上告别了生活10年的家，离开了学校和小朋友。

那一刻，我清楚地知道：我再也不会有妈妈了。

也就是从那个时候起，在我的心里就只有大家，没有小家的概念。所以在我的思想观念里就是：生我是娘，养我是党。

在我13岁的时候，中央戏剧学院的老师来到我们孤儿院招生，我因为表演了一个小品《在地上找针》被老师选上了，来到了北京。也就是从那个时候开始，我们都会天还没亮就起床练功。虽然那时候冬天很冷，但是我们古典舞的老师韩世昌、马祥林、侯勇奎这些老前辈教给我们的是："冬练三九，夏练三伏""拳不离手，曲不离口"。冬天训练的时候经常会冻得整个身体都麻木了，运动后出汗，那汗水一沾上衣服，衣服都能冻硬了。夏天就一身汗一身汗地出，跳完舞就跟洗了个澡一样，全身湿透，衣服都能拧出来水。那时候条件还是很艰苦的。从这种环境锻炼出来的我，对我以后的人生影响很大。

在我学习舞蹈的第7年，一个机会来了，1959年是中华人民共和国成立10周年，整个神州大地各行各业都在庆祝这个生日，我们学校的毕业班也要为国家献礼，节目是被称为中国第一部西方芭蕾民族化的舞剧《鱼美人》。我刻苦练习每一个眼神和动作，在这次人物选拔中被选上了，成了舞剧《鱼美人》的第一女主角，记得当时学校分科时，在选择西方的芭蕾舞和中国舞学生的时候，老师和领导都认为，最好的学生应该留给我们国家的舞蹈，于是我就被分到了中国舞班。

可是，学校献礼的《鱼美人》是芭蕾舞，自从分班之后，我就没怎么穿过芭蕾舞的足尖鞋，当时北京舞蹈学校校长戴爱莲先生，把我叫到她的小排练室，亲自传授我足尖舞的技术要领，对我帮助很大。为了更好地创造角色，我经常一大早跑到陶然亭公园，观察水中鱼游动的神态，有的时候入神了也会学鱼一样，在水塘边手舞足蹈，来往的人都瞪大了眼睛看着我说，这小姑娘挺漂亮的，可惜了，这样是不是有病啊？但也正是鱼塘里的鱼帮助了我，舞剧《鱼美人》的演出非常成功，成了当时被大家所公认的青年舞蹈家之一。

抛家舍业，为舞校安家

成名意味着成功，却也意味着忙碌，家庭和事业总是不能完全兼顾的。我女儿很小的时候就被我送到了全托管的幼儿园，因为我每天早起晚归的排练是不可能有时间照顾她的。这么多年，我和家人吃得最多的就是食堂。

你看，我跳舞跳了这么多年，获了很多奖，大大小小的演出也有很多场。很多人会认为陈爱莲的生活应该是很精致的，可是不怕大家笑话，这么多年我和我爱人住过学生宿舍、锅炉房，还曾住过四个破办公桌拼起来的地方，经常有客人来看到后，感到惊讶，善意地笑我住家凌乱。来这儿住，确实是有苦衷，当初办学经济的拮据，只能有这样的居住条件。之后我们的居住条件逐步得到改善，这里也特别感谢北京电视台《暖暖的新家》栏目组，帮我设计并改善了原有的生活环境。

1995年初，我参加了全国政协常委扩大会议，会议的主题是关于教育体制改革，号召社会力量参与办学。我当时积极响应号召，在有关部门帮助下，终于创办了北京市第一所民办艺术中专——北京市陈爱莲舞蹈学校。可让我怎么也没想到，办个学校可真不是我想的那么简单。征地办学，我手里的这些钱根本就不够，那时候没招儿就打起自己房子的主意。我们当时手里一共两套房子，其中有一套是在广州番禺老家的别墅，环境很好，有三层楼，四五百平方米，很适合养老，我和爱人也都很喜欢。可是，一分钱难倒英雄汉啊！没办法，看上的那块教学用地，我手里的钱根本买不下来。我跟爱人商量着卖房。我还记得当时我爱人很无奈地说："卖就卖吧！"可最后一算，就算把房子卖了，钱都还不够。没办法的办法，最后我把许诺给女儿结婚的住房也要回来卖了，当时全家都没了住房。心里也确实觉得对不住孩子，当妈的，可能最盼望的就是这个时刻吧，能为孩子尽份力就尽一份，可我就等于没给女儿帮什么忙。抛家舍业，就是为了给舞校安个家。

为了让学生们能有更多的进步，我每年都会带着他们排舞蹈，做一个创新。去年，我带着我们爱莲舞蹈学校的孩子一同复排了《红楼梦》，由我再次扮演林黛玉，20多年前看我演林黛玉的人，其中包括我们的同行，告诉我说："我比20世纪80年代时扮演的林黛玉还要精彩！"我想，我的学生们，看到他们的老师始终活跃在舞台上，传承着舞蹈精神，他们一定会受到我的影响。

现在，我办学20多年了，看着孩子们能在这么美好的环境中学习，近千名学生从我的学校走进了大学、走到了不同的社会岗位上，为中国的舞蹈事业尽一份力量，把我们的舞蹈精神传给下一代，我的使命是把中国舞蹈事业发扬光大，我觉得让他们带着我的希望去传承中国舞蹈，从而为中华民族伟大复兴的中国梦尽自己的一份心力。

老骥伏枥，志在千里！这就是我这位老艺术家的心声啊！

我的中国梦

出门走天下，要走出尊严；回家过日子，要过得幸福。

“一带一路”上的记录者
——鲁迅文学奖获得者郑彦英

“一带一路”从提出到现在已经6年了，6年的过程中，取得了很多成绩，但也产生了很多质疑，其中一个比较显著的质疑就是，“一带一路”是中国对外国投资，只对国家形象有益，但对中国老百姓没什么好处。针对这个质疑，著名作家郑彦英，亲自体验了“一带一路”之中的“中欧班列”，为大家讲述一个看得见摸得着的“一带一路”。

郑彦英，中国作家协会会员，一级作家。出版长篇小说《福星》

《从呼吸到呻吟》《拂尘》等6部，作品集《太阳》《在河之南》等12部，散文集《风行水上》获第五届鲁迅文学奖，30余部著作获全国“五个一工程”奖。

我要写看得见，摸得着的“一带一路”

2013年7月18日，中欧班列的郑州线开行了首班列车，从新疆出境，途经哈萨克斯坦、俄罗斯、白俄罗斯、波兰，最终抵达德国汉堡，全程10214公里，整个行程历经16天的时间。

这是中国腹地与欧洲搭建的重要物品交流平台，也真正地连接了中国内陆与欧洲的物流通道。在这样一条连接中国与欧洲各国的班列上，有一段时间会经常看到我的身影，我不是列车员，也不是旅行者，有人说我是“一带一路上的记录者”——

我是郑彦英，今天想跟大家说一说“中欧班列”，以及跟我们息息相关的“一带一路”。

因为大家说起“一带一路”，认为这是个什么东西，怎么看不见摸不着。我今天就给大家讲一个能看得见摸得着的“一带一路”。

前两年的春天，我到中国作家协会参加全委会。中国作家协会的创联部主任彭学明问我，你今年想写什么东西呢？我说到这个年龄了，不写就不写，要写就要写个大家伙。他说什么大家伙？你弄得挺玄乎的。我说你知道不知道马六甲海峡？你知道不知道第一岛链和第二岛链？他说知道啊，我们国家刚刚开始发展，就有人想把我们锁死，因为我们中国是一个贫油国。咱们觉得好像咱们能用的石油不少，但是比起一些国家，我们的国家是贫油国，我们60%的石油需要进口。

需要进口的大部分的油，就是要从马六甲海峡那边运过来，如果这个路被他们掐死了，我们的石油就中断了，我们街上跑的汽车很多就开不成了。没油了，你开什么呢？还有我们的许多工程，以油作为动力的，都会因为这个而停止，所以说这是生命线。

彭学明主任一听就说这个好。我说你先别说，我先问你为什么要和巴基斯坦联合修建瓜达尔港，为什么要在巴基斯坦修一条铁路，为什么要在缅甸修一条石油管道。因为巴基斯坦这个瓜达尔港上的石油就可以直接通过火车到达我们新疆的一个口岸——红其拉甫口岸。从缅甸这个地方，我们的油不用过这个马六甲海峡，不用过第一岛链和第二岛链，直接到了咱们国内，到了云南，这一下我们就解除了封锁……

他说："你说这个事件非常大，非常好。21世纪海上丝绸之路这个选题特别好，你写吧，我支持。"然后我说："我实际上是写这么一个大的环境，就'一带一路'上的。我只想写'一带'，刚才我说的是'一路'。想写'一带'，就是丝绸之路经济带，写经济带上一个目前能够看得见、摸得着的项目叫'中欧班列'。"

“中欧班列”给中国老百姓带来实惠

习近平主席在2014年5月10日去这个中欧班列的场站，到这个地方去视察的时候指出，希望郑州建成连通境内外、辐射东中西的物流通道枢纽，为丝绸之路经济带多做贡献。随后又提出了战略，很好记的六个字：“买全球、卖全球”。提出了这个概念后，大家不禁要问：“这个‘中欧班列’开行以后能给我们每一个老百姓带来什么好处？”

我举这么几个例子。

我们河南省有个小伙子叫钟凡，1989年生，这个小伙子到德国去，他和对象当时还没有结婚，他的对象在英国读书。河南省的省长谢伏瞻去汉堡火车站，发表中欧班列相关新闻的德国报纸登了广告，钟凡看了广告以后，就去了。他当时突发奇想，就对中欧班列在德国的公司说：“我能不能买两辆汽车运回去。”对方说没问题，于是他就买了，买了以后，这个汽车就通过中欧班列用了14天运到郑州。他一算这一辆车要比4S店里销售价格便宜30万元左右。他开着车就到郑州的4S店找商家问对方：“我这个车卖给你们，要不要？”商家说那当然要。然后商定一个商业价格，双方都有利润可赚，于是一下就定了许多辆。这以后，他就开始专门成立一个公司，还找了个合伙人，去年一年他就运回了1500辆豪车。

我在跟他座谈的时候，开玩笑地说：“小钟，你这1500辆，就一辆赚1万元钱，你也是赚1500万元。”他说这哪止1万元钱。机遇放在很多人面前，没有人抓住；而机遇在你跟前，你立即抓住了，而且抓住不放。

现在我们从外边儿运回来的商品有很多，这我都不一一列举了。我举两个商品，第一个商品就是德国的啤酒。一次我采访完了以后，就在郑欧商城顺便买了带回去。晚上，我们有一个小的聚会，我说："今天晚上，一个人只准喝一瓶。我就买了这么多。”喝完有人问："这到底是哪儿的啤酒，很好喝。”我说："这是德国的，这个是12天前在德国生产的。”他说："那你咋能买到这样的啤酒呢？”我说："我有特权。”实际上我有啥特权，我就下午在那儿采访，顺便在那儿买的。最后对大家实话一说，大家都很高兴。

还有一个，就是三聚氰胺的奶粉事件以后，咱们国家的很多人为了下一代的健康，都跑到中国香港去买奶粉，价再高都愿意。现在在郑州，准妈妈们都说我根本不用着急，小孩出生以后，直接在我们这儿的郑欧商城，就可以买到新鲜的国外产的好牛奶。所以说中欧班列是实实在在改变着，或者正在改变着我们的生活。

我在中国铁路集装箱总公司采访的时候，这个单位的副总钟总向我讲解这个中欧班列的时候，给我在桌子上铺开一张地图。我一看这个地图是非常清晰地标示了中欧班列的运行国家、运行方向，非常喜欢，就说："采访完毕以后，钟总，这个地图能不能送给我？”他犹豫了一下，因为这个地图就是专门为中欧班列的领导层印的，很少，最后还是割爱说："那好吧，既然郑老师要，就送给郑老师了。"我就把这个地图带在身边，经常拿出来看。

有一次跟朋友们聚会，我到得早，我就在那地方研究。我一个朋友进来以后说："怎么了，你还在看图识字呢？这么大的人了。"我说："不是，看图知天下，通过这张图，中国和世界、欧洲的联系一目了然。"

我们有很多在海外的学子，将来他们可能还要回国，中国和西方的联系已经不是一句空话，而是非常实在地联系在一起了。

我希望我们今后在喝到一些国外的啤酒，或吃到一些国外的食品的时候，会想到，这是我们国家的发展带来的，这是我们国家努力带来的。我们不努力，没有人理睬我们，我们不努力，我们日子永远不会过好。但是我们努力了，我们一定会活得很精彩。"一带一路"其实带给老百姓更多的，就是生活上的幸福感和踏实感。

我是一带一路上的记录者，也是我们时代的一个见证者。希望我关于"一带一路"的作品，早日和读者见面。

实现中华民族的伟大复兴，每个人都过上好日子，这是我们所有人的中国梦。

我的中国梦

小手艺，大文化，我愿为錾刻手艺的传承和发展贡献自己的全部力量。

从“不靠谱”到为国争光
——国礼錾刻师孟剑锋

在2014年北京APEC会议期间，各国元首都收到了中国赠送的一份精美国礼——《和美》。在一个精致的金色盘子中，自然叠放着一条银色丝巾，精美逼真。很多人以为这是一条真正的丝巾而伸手去拿，结果发现这只是一件金属工艺品，让人意外又惊叹！

孟剑锋，工美集团錾刻工艺师，国家高级技师。他就是2014年APEC国礼《和美》的錾刻师。他掌握一项有着3000多年历史的錾刻工艺技术，是2008年北京奥运会纯银奥运徽宝的工艺制造者，国家

“两弹一星”奖章也出自他手。

他说：每一个艺术精品后面，都需要默默地付出。

錾刻，是很有挑战的工艺

我是孟剑锋，工美集团錾刻工艺师，国家高级技师。

曾经被选中作为“国礼”的錾刻精品——《和美》就是我设计的，现在它的身价高达99800元。

就是因为它，我也跟着出名了，上了个纪录片，名叫《大国工匠》。自从这个片子播出以后，很多人都说我是什么大工匠、大师傅，听上去感觉这一起一坐的都带着那么点“范儿”。其实我想说，我就是一个普普通通的手艺人，给我个地方坐下，我就能踏踏实实把手里的每一件小物件儿做到精益求精。

我们公司每年会出三样“大活儿”，也就是说要创新三件精品。这一件“丝巾果盘”就是当年三个“大活儿”其中的一件。但其实没有人知道，这件用錾刻工艺制作的银丝巾，当年差点就没做成！

錾刻是个什么工艺？一个小錾子，一把小锤子，就是用锤子一下下敲击錾子，錾子头上有凹凸的纹路啊，所以这样就能在一些金属材质上敲打出各式各样的花纹了。

要说錾刻这门手艺，大多用在铜器上，一般是在铜质的表面上錾刻，为什么呢？因为铜相对来说比较硬，好控制力度。比如我在这儿

"当"来一下，稍微使点劲也没事儿，肯定不会给砸坏，力度不够就多来几下，"当当当"。

但是这要是换成是银制品，那这么使劲可就完蛋了，因为银很软，稍不留神用力有点大，"当"一下，敲上了一个大坑，完了，只要有一次敲击出现失误，这个作品就算残次，就等于要白费了，要重做。所以说本身用银做錾刻，就是个很有挑战的事儿。

可是这件《和美》，我的想法是一定要用纯银来制作，要它的光泽和质感。最后作品的反光非常漂亮！而且为了体现丝巾的柔软和丝薄，我选择的这块银片厚度只有0.6毫米。这是什么概念？基本上就是薄如一张纸。

当时我提出来要在这么薄的一块银片上去玩錾刻的时候，它听上去更像是个"不靠谱"的事儿。那时候我就想，既然做，那咱就做别人没做过的、别人不敢做的、别人想想都觉得没有可能的、做不了的，是吧？

而且它能有多难呢？不动手试试也不知道啊！

我就是这么"轴"

当时和我在一个工作室的师傅们都说我这个人"轴"，不撞南墙不回头。决定不回头那就得想办法把这个东西做好。

怎么才能把这个上面细如发丝的纹路给錾刻出来呢？我们在0.6

毫米的小银片上做了不下千万次的敲击，去尝试它的力度，可以说当时废掉重做的银片也有好几百块。

最细的拉丝的这个位置是整个作品难度最高的地方，它不仅需要力度控制，更需要这錾子头上的纹理至少也要细如发丝。所以当时为了开一把最细纹理的錾子，我在显微镜下足足忙活了5天，从早上8点多到工作室坐下到晚上八九点回家，几乎中间就忘记站起来了。这个錾子开的时候，需要拿一把比它硬度要高的錾子，磨成刃口比较薄的，然后把它夹到工作台上，用那把硬度比较高的錾子来开，就是敲击它，在它的表面上砸，然后开的时候，也是完全凭感觉，基本上就是开一个槽，到两个槽的时候，我会在放大镜底下去观察它开得直还是不直，每个槽都要求非常直。里面有二十五六个槽，每个槽和每个槽中间，它的间距是0.07毫米，就像一根头发丝那么细。

经过5天从早到晚的“精雕细刻”，一把让人惊叹的，每条细纹只有0.07毫米的“錾子”最终诞生了。接着一堆专门为这条银丝巾制作的小錾子做出来了，有了工具咱就开干，后来干起来才发现，这件事真没我想的那么简单。

一般这个作品都是前面几位师傅进行稍简单的一些錾刻，而到最后最难的部位就让我上手，我们是流水线作业，一人负责一部分。

有一次是前面几位师傅来来回回忙了一周，到我手里的时候就是最细最密的穗子的地方了，这也是丝巾上的最后一道工序。虽然我们也在试验品上进行了不下百次的练习和试验，可真正在錾成品的时候那是大气都不敢喘！也不知道那天是因为紧张还是状态不好，坏了，手稍微有一丝歪动，錾斜了。哎呀！一下子就蒙了，用现在的话说就是崩溃了，一方面感觉太可惜了，又要熔化掉从头开始，另一方面我觉着很对不住别的师傅们，人家辛辛苦苦忙活一个星期了，结果到我这儿一下子完蛋了！前功尽弃！你说大家得多恨我呀？可是那个时候其他人就在我旁边，没有一个说话的，鸦雀无声。他们越是啥都不说我是越觉得不好受。我就自个儿一个人跑出去了，特别难受。这次失败之后，我每次坐下拿起錾子的时候，都要反复问自己：你准备好了吗？你真的是找到最好的状态了吗？

应该是反反复复失败、重来、再失败、再重来，一个工作室五六个人忙活了四五个月吧。记得特别清楚，那一天，天儿还行，交到我手里的又是个接近成品的，就差最后一个部分了。我坐下来，大口吸气吐气，让自己平静下来。

当时，所有前期参与的师傅们就站在我的身后，整个房间一点儿声音没有，就只能听见我敲錾子的声音。终于，最后一下完成了。

我把锤子和錾子放下来检查了一下，然后就慢慢回头看着他们，他们也看着我，没有一个人说话，但是脸上很明显那种想笑笑不出来，激动又爆发不出来的感觉。因为这个成功大家等了太久了！那天应该也是所有人几个月来第一次正常时间下班，大家一块儿出去小聚了一下，喝点小酒儿也算是庆祝了一下。

每一个艺术精品后面，都需要默默地付出。因为我经常加班、上班，家庭的事儿做得少一点儿，平时陪女儿的时间也不是很多。单独带我闺女出去玩儿，也只有一次。我闺女说爸爸我想去那个博物馆看看，我闺女那天特别高兴，在博物馆里跟我照了好多相片。我闺女现在也特别懂事，不管我做什么，她都会说谢谢爸爸。我说闺女你不用谢，作为一个父亲，应该对女儿做一些事儿。我没有时间经常陪她。心里一直对女儿有愧疚。闺女老说爸你天天加班非常辛苦。但我觉得能够把我这种踏踏实实工作的状态和精神，影响到我的女儿，让她也能够学到这种坐得住的精益求精的精神。

《和美》从最初的“不靠谱”到最后成为一件耀眼世界的国礼精品，不是我一个人的功劳，它同样饱含着工作室另外几个师傅的心血。相信有我们这股子“轴”劲儿，将来会有更好的錾刻作品，让世人惊叹！

錾刻是小手艺，但是关乎国家形象的事没有小事。实现中国梦，很多时候会让人觉得是国家领导或各级政府的事，但是，当需要我们尽自己的一份力的时候，我们每个人也都能成为中国梦的一部分，成为大国复兴的一部分。

第四章

共同富裕，让每个人都有中国梦

中国梦不能让任何一个人任何一个群体落队，实现中华民族“两个一百年”的奋斗目标，就是要让每一个普通人感受到幸福。

“小康不小康，关键看老乡”，习近平总书记在讲话中多次强调，在迈向现代化的进程中，农村不能掉队，在同心共筑“中国梦”的进程中，不能没有7亿农民的梦想。

“精准扶贫”究竟如何落到实处？扶贫开发工作又遇上了哪些难啃的“硬骨头”呢？让我们跟随着他们的身影，去寻找答案——

我的中国梦

希望村里的养殖业走出大山，走遍中国，欢迎大家都到麻怀村旅游！

用双手凿开这座贫穷大山
——当代“女愚公”邓迎香

为有牺牲多壮志，敢教日月换新天。

麻怀村是以汉族为主，苗族、布依族等多民族聚居的村寨。它地处麻山腹地，四面被高山环绕，那里的村民想出村去镇上，都需要翻越这些陡峭的高山。

在麻怀村通路之前，全村130户人家全部是贫困户，相当于全村500多人的生活全部处于贫困水平。此时，一个外乡的19岁女孩子非要嫁进这个没有路的穷村子，而她的到来，让麻怀村不再那么平静——

邓迎香，贵州省罗甸县沫阳镇麻怀村党支部书记，兼任贵州省妇联副主席，2016年7月获得“全国优秀共产党员”称号，2016年10月获得“全国脱贫攻坚奖”。为了修建一条“出山之路”，只有小学文化的村民邓迎香与众乡亲先后两次用钢铁钎、锤子开凿出200多米的“人工隧道”，终于将麻怀村与山外世界连通。而邓迎香，也被人们誉为当代“女愚公”。

我的娃，死在了山路上

我是邓迎香，来自贵州。

以前，我们麻怀村与镇子上的直线距离其实并不远，但被一座大山分成了两个世界，交通条件十分恶劣。

比如说，村里人想卖牛、卖猪，那都得屠宰后砍成几大块扛着外出，半夜就得起床，花上几个小时，翻过几座大山，才能到镇上去卖。山上种的果子熟了，只能靠人背出去，背不动的人家，只能让它烂在地里。

最辛苦的是孩子读书，要爬两个小时的陡峭崎岖山道去镇上上学。所以天不亮就要起床，摸黑上路。为了孩子安全，我们村娃娃们10岁以上才让去读书。

因为没有路，乡亲们都很穷。

其实最开始我不是这个村子的人，我19岁的时候认识了麻怀村的一个小伙子，他对我非常好，当时我就一心一意要嫁给他。一听说这个小伙子是麻怀村的，我爸妈快被我气死了。我爸当时就告诉我："咱们村用的电灯，麻怀村点的煤油灯；家里吃大米，麻怀村吃玉米。坚决不能嫁！"有一天为了这件事，我爸还一气之下狠狠地打了我一顿，打到腿上二十几条印子。也就是那天吧，我从家里跑了出来，翻山越岭走了8个小时的山路来到了麻怀村。之后3年时间和家里就断了联系。后来我在麻怀村经历的事情，确实像当初我爸妈吓唬我的那样，甚至还更惨，还更苦。

我有一条背娃娃的背带，它很旧了，但一直舍不得扔，这背后有个非常悲伤的故事。

1993年，26年前，我嫁到麻怀村之后生了一个男孩，在他3个半月的时候突然生病了，开始是感冒，前几天吃了药好了很多，可是没想到几天之后有天晚上他突然发高烧。怎么办？村子里没有医院，我得背着他去镇上找医生。那天夜里我就是用这条背带背着娃儿开始一路翻山。大概爬了将近两个小时的时候，我感觉背上的孩子突然蹬了两下，感觉不对，我和丈夫赶紧检查孩子，才发现孩子已经死了。

孩子没了，他才3个多月。当时我真的是受不了这个打击，葬了孩子我收拾了行李就往外走，我真的后悔了，后悔嫁进麻怀村。

你们想，为什么孩子没了？还不是因为没有路？还不是因为没有医生？归根结底就是太穷了。越想越觉得要赶紧离开这个穷地方。但是那天我走到半路上又被丈夫给追上了，他想让我留下，他说将来会好的，把我又拉回去了。

将来会好的，可是，怎么才能好起来呢？

一年多，挖了个“钻山洞”

1999年，国家实施农村电网建设，给没通电的村子通电。这是个大好事啊！我们可以摆脱煤油灯了，可是拉电的时候出问题了，因为不通路，电杆、电线都没法运进村子里啊！这可怎么办？当时村子南边有一个狭窄的天然溶洞，村支两委组织村民要合力开洞。把山下这个溶洞扩大、打通，就可以成为连接外界的通道了。

但是，溶洞太窄，工具又简陋，只有农田干活的那些，大伙只能跪着、趴着，一点一滴地开凿岩石，一捧一把地弄出碎石。当时爬着进去挖洞的人出来之后都直不起腰了，端碗时手抖得饭粒往外掉。

我到现在还记得，挖洞的时候因为要用炸药炸里面的石头，但是洞很小，进去点火的人不可能跑着出来，肯定是爬出来的，动作就会比较慢。火一点着人就使劲往外爬，只听“咚”一声炸药响了，人还没出来。待了一会儿人慢慢从洞口爬出来的时候，远远的只能看见两只眼睛。

因为没有精密的仪器测算，第一次挖的洞还给挖歪了，方向没弄对。挖着挖着大家发现弄错了，结果又重新把挖的洞填回去，重新挖。

一个200多米的洞整整挖了一年多，2001年正月二十八的凌晨2点多，一条能通向外界的麻怀洞成功打通了。原来出村子都得翻几个小时的山，现在好了，从洞里钻过去只需要15分钟。

但是我为什么用“钻山洞”这个词呢？因为这个洞确实很小，最矮的地方高度也就是80多厘米吧，才半个人那么高，基本上是弯着腰才能钻过去。虽然很矮很窄，但山洞的打通解决了好多问题，孩子们能上学了，生病也能更快到镇上找医生了。

一晃10年过去了，2010年发生了一件事，突然让我萌生了二次开洞，将山洞拓宽的念头。

我的大女儿是村里第一个穿着婚纱出嫁的新娘，本来是很有排场的，女婿是外村的，人家也是开着车队来迎娶的。国庆节出嫁这天，天下着雨，路上全是稀泥，接亲的车子在村外面根本开不进来，洞太小了，所以我女儿只能弯着腰钻出山洞。就在出洞那一刻，新娘变成了泥人，漂亮婚纱成了烂腌菜，我惊呆了，于是找个别人看不见的地方偷偷抹眼泪。当时我就暗暗下定决心，一定要把隧洞再凿高、凿宽，“像隧道一样，能通汽车”。

但是光我一个人肯定不行啊，我把这个想法告诉大家，发动村里人一起干。没想到大多数乡亲并不支持，他们认为：“挖了这么多年，挖烦了，也挖累了，人能过就不错了，通不通车有什么关系，哪家能买得起车？”

也是，第一次挖洞乡亲们折腾得够呛，现在人已经能走出去了，谁还会干。我一个小学一年级文化水平的农村妇女张罗着这件事，很多人背后说我是因为“有私心”，都是为自己。

我哪是“私心”，没有路能致富吗？10年下来大家不还是过的穷日子？那时候村里600多人吧，人均年收入才800多块钱，还是穷。

我得想办法说服大家，我就挨家挨户去给他们算账：“咱们建房子得用砖、石和水泥吧，人工运进来成本高，能开车拉进来的话至少省一半钱呢。”就这样，我只能争取到一小部分人。因为很多人家里已经修完房了，省不了这个钱了。

这怎么办？

有一次隔壁家的姑娘买了一个席梦思床垫，结果床垫到了洞口横着竖着都进不来，又只能抬着床垫翻山进村，等到家的时候，崭新的床垫已经被刮得到处都是破的了，我当时知道这件事之后就赶紧去趁热打铁做工作，总算又说服了一家。

后来我就开始组织开会，每家出一个人，每天晚上在一起开会商量这件事。有一天我一时心急口快说了一个主意：你不是不参与开洞吗？那我将来就用铁门把洞给锁上，谁参与开洞我就发他一把钥匙，不参与的人你就没有权利用这个洞，走旁边小道去吧。话一出口村里就炸锅了。有骂我的，说洞又不是我个人的，我凭什么锁上，有叫我母老虎的，有叫我恶鸡婆的，什么难听骂我什么。后来也有来打我的，打我我就怕你吗？我为大家我又不亏理！

就这么威逼利诱，软硬都来吧，算是有些人被我说动了。

麻怀村成了远近闻名的脱贫村

第二次开洞的时候，镇政府知道后，支持了我们3万块钱，我自己家垫了1万块钱，买了一辆旧拖拉机和一些炸药，又租了一台空压机，以蜡烛、煤油为灯，从洞的两头同时开工，一日三班，昼夜不停。

当时我把读初中的小女儿也叫过来帮忙了，放寒假了，全家齐上手闲话也会少。当时女儿13岁，手也挖肿了，腿也磨破了，累得晚上偷偷流泪，硬是坚持着。

在村民的共同努力下，山洞被扩建成216米长、4米宽、4米高的通车隧道。后来我们又得到了县委、县政府180多万元专款，用钢筋混凝土对隧道进行了全面加固。

2011年，隧道终于可以通车了！

2013年，我被选为村主任。我开始带着大家修路、修房、种草药、种果树、养鸡、养猪。我想带大家脱贫致富，说服大家种桃树。我就挨家挨户给他们算账：如果你已经外出务工了，土地也就荒废了，还不如拿出来外租，每年还能收800元。有一家钉子户，不愿意把土地让出来，还拉帮结派了3户人家，但是后来这3户看到大家门前都种起了桃树，眼红了，又让出土地了。唯有这一家还是不愿意，当了一段的钉子户后，最后也眼红了，就悄悄地跟我说想拿出土地了，我不想让人觉得我好说话，想利用的时候就利用，所以就没有同意，他多求几次最后才同意。现在村子里都种上了桃树，后来，我还带领村民养黑毛猪、养鸡……

现在我们村人均年收入已经达到8000多元，是通车前的10倍之多。家家户户住上了新房，骑上了摩托车，有些人家还买了小轿车。

开洞之前，村里没有一个大学生，经过两次开洞，历经16年，现在全村有19个孩子已经考上了大学，有一名还考上了研究生。

今天的麻怀村已经成为远近闻名的脱贫村了！

现在好多人知道了我的事情之后，把我叫作“女愚公”。以前我都不知道愚公是什么，我小女儿现在都上大二了，我就问我女儿，我说愚公是什么。我女儿说，妈妈你怎么会笨成这样啊，愚公就是以前有一个老人，每一天都要去挖山，他说一天挖一点儿总比不去挖的好，他就是愚公，他的故事就是愚公移山。现在你是女的，就把你喊作“女愚公”了。

我总共拿过五个国家级的奖项。2013年，那个消除贫困感动奖，我在领奖的时候我都不知道给我颁奖的汪洋就是汪洋副总理。我回去的时候打电话给弟媳，我说明天我要回家了，我弟媳说是谁给你颁的奖，我说是汪洋啊！她说不会吧。我说真的，她说汪洋是国务院副总理。那个奖我放在村里面，现在连小孩也都知道我邓迎香的名字，知道我是谁了。

在今后的日子里，我们会争取让村里的38户贫困户全部脱贫，实现小康村的目标。希望大家都记住麻怀村这个名字，欢迎全国人民都来麻怀村做客。

我的中国梦

带领大家稳定脱贫，和全国一道稳步小康。

人生从来没有认命这回事
——兰考县小宋乡党委书记王凤普

这里是焦裕禄曾经工作奋斗过的地方，兰考。

2013年底，兰考县共有115个贫困村，贫困人口达到7.74万，按照农业人口77万人来计算，贫困发生率为11.5%。而在这115个贫困村中，小宋乡就占了10个，1502户中的5300多人，他们的生活仍然处于贫困水平。贫穷不是宿命，没有人是生来就注定要穷的，更没有人生来就应该认命。

王凤普，兰考县小宋乡党委书记。1990年8月参加工作，曾任兰考县扶贫办主任。他要讲述的是，一次带领全乡改变贫穷命运的战斗——

停电，可能意味着鸭苗全死光

我，是土生土长的兰考人，是听着焦裕禄的故事长大的。如今，我成了兰考县小宋乡党委书记，在脱贫攻坚的路上，我希望自己大力弘扬焦书记的三股劲，在焦裕禄精神的感召下，再次创造奇迹——

我叫王凤普，来自焦裕禄精神的发源地，河南省兰考县。

2013年11月9日，我开始担任兰考县小宋乡党委书记。上任后接到的第一项重大任务，就是县委县政府向总书记承诺的“三年脱贫、七年小康”。

小宋乡有10个贫困村，1502户贫困户，5300多名贫困人口。他们的经济来源基本上就是靠种地，一亩麦子最多能卖1000元，勤快一点儿的养几只鸡、喂几头猪，挣的钱仅够维持生活。一旦家里有人生病，基本都是靠忍、靠扛，因为根本就没有钱去治病。“三年脱贫、七年小康”，要想完成这个任务，我感觉压力很大。

2015年8月份的一个晚上，电闪雷鸣，风雨交加。

10点钟左右，我正在乡里值班，突然接到一个电话，对方急切地说：“不好了！王书记，东邵二村停电了！”

停电，是什么概念呢？停电就意味着15个大棚的鸭子有危险了。

挂了电话我脑袋瞬间“嗡”了一下。

2015年，我们县委县政府为了推广肉鸭养殖这个产业，出台了很多优惠政策。譬如说，一座鸭棚需要8万块钱，县财政补助2万，贴息贷款5万，到户增收资金再补助5000元。也就是说，建1座鸭棚是8万元，贫困户只需要出5000元，就可以开始养鸭了。但就是这样，很多贫困户还是不敢养，怕养不成赔钱。

要知道这15个大棚是3个月前才建起来的，停电当天拉回了75000只鸭苗放进了大棚里。为了带着大家挣钱、脱贫，我们扶贫小组曾经挨家挨户去发动村民，当时没人愿意，主要就怕这肉鸭养不活。而且每户鸭棚的成本是8万元，除了扶贫救助款之外，每家还投入了5000元，好不容易才说服了15个贫困户。而这15户当中的张志群家，12岁的女儿患上了脑癌，全家为了给孩子治病已经欠下了十几万元的债，他是在迫不得已又看到希望的时候才参与进来的。

可是鸭子才刚来一天，就遇上了停电。这些鸭苗最怕见不到光，停电后它们有可能互相挤压踩死，一旦发生大面积死亡，我怎么向这15户村民交代？怎么向张志群他们一家人交代？

没时间想后果了，我赶紧给供电所打电话询问原因，对方说因为雷雨天村里的变压器被烧坏了，需要五六个小时才能抢修好。紧接着我又让干部们给全乡邻近的村打电话，看有没有发电机。

几分钟过去后，没有发电机！

当机立断，我马上开车带着两个同事直奔县城，并嘱咐养殖户们一定要多拿一些手电筒，给小鸭子们照亮。

当天晚上刮着大风下着大雨，路很不好走。40分钟后，我们来到了县城卖农贸机械的一条街。没想到因为天太晚，人家都关门了。怎么办？

那我们就一家一家敲门。对，分头行动！你敲路东的，我敲路西的，整个一条街，我们都敲了一遍。

真是万幸，终于有一家开门了。

来不及测试，为了避免质量有问题，我决定直接买两台走，一台就是近2000元，要是不能及时发电，损失可就不是几千几万的事了！拉走！

不到两个小时，发电机火速拉到了养殖场。我们马上发电，15个大棚的灯一下子亮了起来！受惊的小鸭子们迅速恢复了平静，太好了，算是有惊无险。

几十天后，这批小鸭子顺利出栏，15个大棚这一批共计收入近16万元。这其中就有张志群的鸭子，他们家养得最好，收入12000元。

肉鸭养殖成功的消息传出去，村民们都看到了希望。随后其他村子也开始效仿，现在肉鸭在我们小宋乡已经建了5个小区，共计100个鸭棚。就这一个项目，我们就让近80户贫困户实现了脱贫。

“真扶贫”“扶真贫”，顺利完成“三年脱贫”目标

三年脱贫期，我们时时刻刻都面对挑战，有时候遇上了瓶颈，找不到办法的时候，就反复琢磨习总书记关于“精准扶贫”的一系列重要指示：“扶持对象精准、项目安排精准、资金使用精准、措施到户精准、因村派人精准、脱贫成效精准”。这“六个精准”往往会让我豁然开朗，找到办法。

有一次，我们扶贫小组来到孔庄进行入户走访。50多岁的老孔是一位盲人，还患有癫痫，和80多岁的母亲相依为命。老孔睡觉的地方就是一个简易的砖棚，进去以后真的是不忍直视。按照识别流程，需要进行两次公示、两次公告后才能被确定为贫困户，而根据扶贫政策，危房改造款要等几个月甚至半年以后才能下来。就在当时，我立马认定他们家肯定是贫困户，迅速让扶贫小组给母子二人申请了低保，这样保证了他们每个月至少有了300元的生活费。随后，我把刚发的3000元的工资给了孔庄的支书，嘱咐他尽快安排施工队，先给老人盖房子。

半个月后房子盖了起来，当我告诉老孔可以搬进新房的时候，老人家激动地拉着我的手说，让我好好摸摸，您是我的恩人啊！记得特别清楚，老人还没松开我的手就急着去摸房子，上上下下，里里外外，仔仔细细摸了一遍又一遍，激动地说，这辈子也没想到会住上新房子！

什么是“真扶贫”？什么是“扶真贫”？不深入到每一户村民家，怎么可能知道他们真实的、具体的生活情况呢？扶贫除了有巧办法，也离不开这样的“笨办法”，必须要一家一家走，一户一户摸。

脱贫攻坚这3年，我们工作总结了“一算五看”的精准识别方法，流传着这么个顺口溜：“一看粮、二看房、三看劳动力强不强、四看是否有读书郎、五看是否有病卧床。”根据这个原则，我们做到了“扶真贫”，绝不能漏掉一户、落下一人。

相信很多人都没有见过扶贫档案，这里有我们王岗村的一个扶贫档案：小宋乡王岗村扶贫档案。

档案第一页就是我们贫困户最初的申请书，最原始的，2014年6月的申请书。2013年他的收入是年人均纯收入2350元，特申请贫困户。后面就是我们的民主评议记录，还有两公示一公告的，各种公示公告。这是我们县委书记蔡松涛亲自设计的，我们兰考县的扶贫档案。

档案里记录了这一家的基本情况，所有落实的扶贫政策、享受的扶贫政策的情况，我们这两年来的帮扶情况，他们的收入，贫困户脱贫的审批表。2014年到2015年他的年人均纯收入达到了6499元。从2300多元年人均收入到6499元年人均纯收入。2016年9月份，我们对他们家又进行了一次核算，现在他们家的收入达到了9662元。3年的时间，年人均纯收入从2300多元到9662元。这算是物质扶贫。

再一个是精神扶贫。我们当地的一些根深蒂固的风俗习惯，譬如说，红白事儿，相互攀比，大操大办，非常严重。因为办红白事儿，很多贫困户脱不了贫，刚脱贫了的又返贫了。2016年5月份开始，我们乡就在全乡范围内开展了禁止红白事儿大操大办这个活动——原来我们办一个事儿，光菜就要上二十多道，加上烟酒，以桌为单位，每一桌至少要五六百元钱，有的六百元还要多。现在我们规定，喜事就是一桌不超过八个菜，另外再加一个大锅菜。

刚开始确确实实他们不听，我们要做工作。

我们是怎么做这个工作的呢？给我留下深刻印象的是第一户。我记得是我们东邵二村的，当时这一户是儿子结婚，村干部去做工作的时候，他们家说，你为什么要拿我家开刀呀，等我这个事儿办了以后，我们再推行这个政策不行吗？

他是害怕面子上过不去，我就给他承诺，你们办事儿的那一天，我们乡干部去现场，拿着喇叭讲。一、简办的好处；二、之所以简办，不是因为主家小气。他们就害怕邻居说，你看我家这么小气，抠啊，自己家的婚事，都办得这么简朴。就是我们简办，是我们乡党委政府的规定，不是他们家小气。最后乡亲们觉得，乡干部领导都来现场了，他们是先进的，起到了一个表率作用，反倒更有面子了。

我们就是通过这种细致的工作，这种耐心、细心，然后终于把村民的工作给做通了，让他们扭转了这个观念。从2016年5月份开始我们大力推行红白事简办，刹住了攀比风，7个月来为村民节约了1200万元。在脱贫攻坚阶段，为完成脱贫任务起到了至关重要的作用。

我们小宋乡通过3年的努力，如期实现了率先脱贫。目前，全乡仅剩下33户、112人未脱贫，贫困发生率不到0.2%，顺利完成了“三年脱贫”的目标。

曾经“游手好闲”通过种植西红柿最多一天卖10000多元的任杰，靠养殖湖羊脱贫致富的典型代表张粉娇，给工作队经常送水的大爷老陈，以及每周给我送一个手工编织篮的贫困户赵满……一个个脱贫户经常浮现在我的脑海里。因为他们笑了，所以我也越来越有信心！

“三年脱贫”，实现了。“七年小康”，还远吗？

我的中国梦

把乡村旅游扶贫项目高质量做好，并积极总结分享我们在旅游扶贫、产业融合扶贫等方面积累的宝贵经验，做新时代有担当的扶贫人，为脱贫攻坚做出新贡献是我的中国梦！

让震后的雪山村，美丽重生
——“90”后扶贫志愿者张皓博

放弃很容易，但坚持一定很酷。

年轻人总是容易被贴上“没常性”的标签，认为他们做很多事都是“三分钟热度”，尤其是在做一些不那么有趣的事情的时候。

张皓博，“90”后扶贫志愿者，中国扶贫基金会项目主管。他和他的团队用3年时间把经历过两次地震的雪山村，建设成了具有浓郁川西风格的民宿旅游目的地。

一幅未来村庄的手绘图，让我留下来

“5·12”汶川大地震后，四川雅安宝兴县雪山村一夜返贫，许多家庭房屋倒塌，背上沉重债务。6年后，一场更大的灾难——2013年，“4·20”雅安7.0级地震，让原本就贫困的村民雪上加霜。在经历了两次地震之后，雅安市贫困户增加了2838户。而其中，雪山村全村142户均受到不同程度的损坏，经过鉴定后39户需要加固维修，82户需要重建。

“4·20”地震发生那年，我还是个读建筑系的大四学生，我以志愿者的身份加入了中国扶贫基金会的援建团队。一幅未来村庄的手绘图，让我坚定了留下来的决心，决定留下来让雪山村变个样子——

我叫张皓博，26岁，是中国扶贫基金会众多“90”后中很普通的一个。

3年前我来到了这里，地震之后残破不堪的雪山村，从此就没有离开。记者问我，这么破败的地方，当时你为什么要留下来？说实话我一时还真想不起来了。

让我回忆一下——

2013年12月26日，我第一次去雪山村，那时候我只是一名大学生志愿者，震后的村庄一片衰败残破，我到现在都记忆犹新。

来到雪山村的第一天，我见到了那张图，有人告诉我，这是雪山村重建以后的样子。看了看眼前废墟一样的村庄，再转过头来看看他手上那张图，我脑子里出现了四个字：“怎么可能！”

他们告诉我，这些图来自目前国内最优秀的乡村建设设计团队，将来的雪山村肯定美极了。

当时面临毕业的我已经参加了公务员考试，父母满心期待我能找一份稳定的工作踏实下来，可为了见证这个“不可能”变成现实，我决定留下来。可是留下来，就意味着面对各种棘手的难题。

2014年4月，雪山村第一座房子开始地基施工。

那时候我每天的工作之一就是向村民讲解我们的规划图，告诉他们房子应该这么建。因为这张规划图里其实暗藏了玄机：如果按照图纸建房子，不仅让村民有了家，还能通过房子挣着钱。

听上去有点意思吧？什么房子既能住还能挣钱呢？

当时河南有个郝堂村，杭州有个莫干山，都是国内非常有特点和人气的旅游民宿聚集村。雪山村有这么好的资源，宝兴县又是熊猫老家，距离雪山村十五公里就是红军翻越的第一座雪山夹金山，如果在一片废墟上重建一个全新的雪山村，按照最高标准建设旅游高端民宿，一定能吸引外来游客。

听上去是一片蓝图，可当时在村子里，根本没人听你这一套。凭什么按照你的意思去办？你说能挣钱就真的能挣钱吗？

没人相信这张图纸。

第一遍，第二遍，第三遍，一遍又一遍，当我每天要把图纸内容不断地给村民重复几十遍的时候，我才发现，怎么说服村民，按照我们的图纸修建房子，才是万里长征的第一步。

那时候我是一个外乡人，在他们看来还是个乳臭未干的孩子，所以不少村民都觉得我在那多管闲事，我们怎么盖房子关你什么事？凭什么按照你的图纸来建房啊？

这可怎么办？说服他们先得和他们打成一片，得让大家信任我啊！

我到处打探消息，看看有没有什么突破口。后来听我们村支书说，村里人不管有多大的事情发生，都肯定先要保证吃饱饭。

所以我就每天去村民家里蹭饭，蹭饭的时候带着图纸，再带点酒。酒过三巡，情绪高的时候就拿图纸出来给村民说。慢慢地我开始发现，村民对我有热情了，有的还开始和我称兄道弟。

为了说服村民，我们征求地方政府以及合作社的意见，一边修建样板房让大家做参考，一边给愿意按图纸修建房子的人一定金额的奖励。这样，村民开始答应按照图纸建房子了。

但是问题又来了，按照规划有的房子是跃层，三楼是小客厅，阁楼是卧室，楼梯在屋内，但有的村民会觉得这样太浪费。既然要搞旅游那当然是房间越多越好，于是他们竟然自己悄悄改。

如果这样下去，雪山村没有了统一的规划，它最多也只能算一个普通的旅游客栈，达不到之前设计的中高档的要求。这样的后果显而易见，价格上不去，更打不响雪山村这张名片。

为了更好地完成监督工作，我开始琢磨一些巧办法——

把雪山村，打造成一张名片

比如走家串户，帮东家修修水管，帮西家搬搬桌子，下山帮张家买个什么东西，或者上山帮李家接个娃什么的。一边套近乎，一边观察房屋修建情况。

那时候村里面的小孩子有事没事，只要看见我就喜欢跟在我屁股后面追着喊“张皓博、张皓博”，有时候我都忘记自己是一个外乡人了。

留在雪山村的真正原因是因为我自己经历过地震，当时是校园电视台记者，用摄像机记录灾情，当来到雪山村，看到图纸，觉得如果通过自己和团队的努力把雪山村真的建好，会很骄傲。

地震那一刻我在雅安，我在床上睡觉，周末早上还没起来。因为我当时在七楼，晃得特别厉害，然后我就想人真的太渺小了，跟地震这种天灾来比太渺小了。我12月份的时候就去了雪山村，到雪山村的第一天，我刚进村，我就看到了那张照片。很有画面感，而且有象征意义。对，雪山村一个70多岁的老奶奶，她要把废钢筋取出来在修新房子的时候用，因为省钱。我就想如果我能够帮助乡亲们，一起来重建他们的家园，那该非常有意义吧！但是要号召村民一起努力，在这个废墟上重建家园，你就要让他们看到信心。

我认为自己很幸运，当初村民不愿意按照图纸建洗手间，认为洗手间放一个蹲便就可以了。村支书站在村民那边，但是我坚持要按照图纸来。我们两个人起了争执，后来我到村支书家赔礼道歉，告诉支书我是“90”后，请支书原谅我。支书才知道原来我和他儿子差不多大。后来支书趁我不在的时候召集村民开会，劝说村民支持我的工作。

2016年，我们整个民宿这一块，就有了80多万元的收入，然后我们希望在2017年，在民宿这一块，不但让游客有得住有得玩，还能够有得吃，最后走的时候还能带点儿走。现在我们在推出雪山村的腊肉，还有野菜，另外我们还开发了雪山村的蜂蜜，因为雪山村海拔1600米到3000米，具有自己的独特性，这款蜂蜜就属于雪山村自己的产品。因为是老蜂箱养出来的，所以这款蜂蜜特别纯正，像我们小时候喝的那种蜂蜜的味道。我们希望通过类似这种村里的特产，让游客也能带得走。因为如果能带走的话，对村里来说也是一种宣传。

2015年9月21日，雪山村民宿开始试营业了。它现在宾客如云，村民们也因为得了实惠，而踏踏实实地生活。

如今的雪山村，美好、温暖又很祥和。

雪山村对于我而言，只是一个开始。像雪山村这样的贫困山村还很多，如何让更多村庄通过“乡村旅游扶贫”来共同致富，道路还很长。我想我会在这条路上继续坚持下去，因为我相信：“坚持，就会让一切想象变成现实！”

我的中国梦

艰苦奋斗，团结协作，不等不靠！让贫穷落后的山村变得更美，更富！让新愚公精神发扬光大！永远传承下去！

把悬崖变成道路
——2018全国脱贫攻坚奖（奋进奖）获得者王光国

过去，湖北建始县店子坪村里唯一的出山路只有悬崖峭壁上的古盐道，上学、就医都是难题。这里本来没有路，那悬崖峭壁上的路是怎么来的呢?

是店子坪村的村民腰系绳索像蜘蛛一样悬挂在空中，一寸一寸地敲开，一点一点地打炮眼，把炸药放进炮眼里炸开了山路。

在悬崖峭壁上修路，听起来是一件不可能完成的任务，一面是悬崖峭壁，一面是万丈深渊，我们这一代却做到了！脚踩在这条路上，一种成就感油然而生……

王光国，湖北省恩施州建始县龙坪乡店子坪村的党支部书记、村委会主任，党的十九大代表，2018年获全国脱贫攻坚奖（奋进奖）。他组织村民修路，历经艰辛，终于把悬崖变成道路。

哪怕工地上只剩下一个人，我也要干到底

我是王光国，湖北恩施人。我最大的梦想就是带领村民脱贫致富。

我们店子坪村风景秀丽、民风淳朴。然而美丽的景色，并没有给村民带来富裕的生活。“左边石柱河，前面梯子河，右边洋芋河，后面大山坡，祖祖辈辈肩挑背磨像骆驼”，这句话说的就是我们店子坪村。我清楚地记得，小时候有一天我早起上学一低头看见河谷下面，有一个老人的尸体躺在石板上，我久久不能忘记那一场景。

我当上村支部书记做的第一件事就是修路。要在峡谷间修通一条路，不能再靠人力徒步运输了，我组织会议想说服大家，可是会上都是捣乱的。有的村民说如果路能修通，我就把姓倒过来写。

但其实不是村民故意捣乱，他们是有真实的顾虑。修路需要人，村子里的汉子都去外面打工了，留下了一群老人、妇女和娃娃；修路需要钱，对于贫穷的村民，哪里会有多余的钱来修路；修路需要技术，我们要在悬崖绝壁上开路，没有人有这个技术。没有办法，我只能一家一家地去敲门，一家家地去劝说……

最后到刘大爷家里就和他聊，去年他辛苦喂大的年猪请4个乡亲抬过峡谷去卖，没有想到猪翻落河谷摔死了，一年的劳碌打了水漂。刘大爷有次犯急病，两个多小时才把他抬到公路上，去找了一个车，医生说再来晚一步就没有命了。说到不通路的苦处，刘大爷心软了，他红着眼圈说："我这里有卖山羊的1100元钱，我明天带着我的大儿子一起去工地上修路。"

我把说动的村民组成一个小组继续发动大家，挨家挨户地做工作，终于每一个自愿修路的人，都在申请书上沉重地按下了红手印。在头一天晚上开动员会的时候，实际上我心里是七上八下的，我当时说这个工程一旦开工，就没有回头路了。

我们开始修路，为了节约钱，我们用铁锹凿石，一堆烤土豆是我们的午餐。寒冬腊月，为了不被冻僵，大家只能一刻不停地更加奋力地挥动铁锹，为了省下运费，我每次都是骑着摩托车，往返于56公里的山路上，运回炸药和雷管。为了节省爆破员的工资，我自己报名参加爆破培训，拿到了爆破证。

在修路进行到第3个年头的时候，峡谷旁一侧的路终于修好了，就在大家斗志昂扬的时候，峡谷旁一道长达30多米高20多米的驳岸突然垮塌。半年来我们的工地停工了，没有一个人到工地去。第二次我们再组织老百姓修路的时候，我们工地上，算上我们的党员，总共只有4个人。在这个时候我说，我们能不能够坚持下去这就是一个转折点，我跟他们说哪怕工地上只剩下一个人，我们也一定要干到底。

我们用10年修不完，用15年，15年修不完，还有20年。我们这4个人是星星之火，可以燎原。我们4个人的坚守，重燃了我们的希望。在我们执着地坚持下，大伙儿又陆陆续续地回到了我们的工地，山谷里重新响起了修路的号子声，义务工就投了4.5万余工日，土石方就挖了4万余方。在修路的过程中，省委、州委、县委给了我们大力支持，2013年的时候，1.5公里的公路全部通车，我也成了大家嘴里的“愚公书记”。

店子坪村在通路前人均收入只有2000多元，现在，我们村人均年收入达到了8000多元。家家户户住上了小洋房，也买上了摩托车，有的还买了小轿车。

搬走了挡在村民面前的“封闭之山”，也就搬走了压在村民头上的“贫困之山”。武陵山区最高寒、最偏远、最贫穷的山村如今成了远近闻名的“桃花源”，我们也期待有更多的人能到我们店子坪村旅游观光。

老百姓很少把梦想放在嘴边，但是，没有谁是没有梦想的，最基本最朴实的梦想就是过好日子。带领贫困村的村民脱贫致富，是最基础的中国梦，但正是这些不为人所注意的小的中国梦，组成了国家富强的大的中国梦。

中国梦不分大小，人民富裕，国家富强，就是最好的中国梦。

我的中国梦

我们是通过艰苦奋斗用生命换来的“大发渠”，希望“大发渠”精神，子子孙孙都能传承下去。

凿出一条“生命渠”
——“时代楷模”，2017年全国脱贫攻坚奖（奋进奖）获得者黄大发

中国梦的实现离不开任何一个人的努力，虽然很多人并没有把“中国梦”挂在口头上，但实际上，他们一直是中国梦的践行者，尤其是那些为国家奋斗了一辈子的老前辈，他们的精神，值得我们一辈辈去传承。

黄大发，平正仡佬族乡团结村名誉支部书记。他用36年只干了一件事，在悬崖峭壁上修建了一条水渠，正因此事，80多岁的他竟成了

“网红”。

“要吃大米饭，就要大家干”

我叫黄大发，今年83岁，是我们平正仡佬族乡团结村名誉支部书记。1959年11月我加入了中国共产党，成了村里的村干部。

那条用了整整36年的时间修建的水渠，是我们靠着锄头、钢钎、铁锤和双手，在山腰上凿出来的。凿出了主渠7200米，支渠2200米，穿过了三道悬崖。这让我们草王坝村解决了全村吃水困难和庄稼灌溉的问题，让我们告别了靠天吃饭的日子。

我很自豪在我有生之年让“愚公精神”发扬光大。

我从小就是孤儿，我爹妈1949以前双双去世，我是吃百家饭生长的。我们的山区比较穷，老百姓比较苦，穿不上衣，吃不上大米饭，祖祖辈辈都是吃苞沙饭，有时连苞沙饭都吃不上，还娶不到媳妇儿。

我在20岁时就当上大队长了，我这一生的梦想就是要改变家乡的面貌。第一，我在1963年就开始修水渠。因为缺水，草王坝村世世代代贫穷，家家户户只能吃很难下咽的苞沙饭。因为缺水，土地干裂石漠化严重。20世纪90年代，6个村民组167户人家980口人，年人均产粮食150斤，人均产值80元。

全村人想要活下去只能靠村民们打的一口井，说是井，其实就是石头缝儿里渗出来的水。

经过考察，村民们发现，在距离草王坝村几公里外的野彪村，有一条水源富足的河，只是被两村之间的大山绝壁隔断了。我和村民们商量如果要是能修一条水渠把水引过来，不就解决了全村人吃水和灌溉的问题了吗。

1963年我组织村民，向公社提出了修水渠的想法，很快就得到了上级领导的支持。我被任命为指挥长，带领三个大队开始修建水渠，命名为“红旗水利”。工程长度15公里，经过13年的艰苦奋斗，“红旗渠”修建了12公里。

可是就在还有3公里的时候，水渠被河水冲垮了，吃大米饭的梦想就这样破灭了……

我在枫香区学习了三四年，我说我回去要继续修“大发渠”。有很多老百姓反对我，他们说你修了十几年都没有成功，就说你修不通。当时我就下定决心发动群众，我挺身而出带头表态，有80%的群众拥护我。当时我的口号是：“要吃大米饭，就要大家干。”

“大发渠”是用生命换来的

再次修建水渠依然面临很多困难，首先，修建水渠的位置在半山腰，施工难度可想而知。我们要面对3重大山、3道绝壁，还有3座高度为600米的悬崖。其中擦耳岩是最险峻的一段，要打通这个地方，村民们除了用钢钎和铁锤，一锤一锤地砸，有时候还需要放炮。

我们放第一炮的时候，把人家的香火房子打烂了，那户人家把钢钎和铁锤给我提走了，不准我修这个“大发渠”。当时有人拿刀砍我，企图拉着我跳崖，说我占了他的土地，今天你兑不了现，不拿钱他就要拉你跳崖。他就是吓唬你把钱拿给他，但我们修水渠是没有钱的。

1995年10月22日，在我和200多位村民经过三年的努力拼搏下，一条主渠长7200米，支渠长2200米的水渠，终于打通了！清澈的山泉水缓缓地流进了草王坝村，村民们亲切地叫它“大发渠”。

通水那天，老百姓高兴得很，高兴水来了，我们要吃一辈子大米饭了。草王坝村终于结束了滴水贵如油的历史，全村杀猪摆席隆重地举行了庆功宴。可是那一天，我却躲在角落里痛痛快快地哭了一场。

经过群众的努力，我们搞了坡改田，大家努力让土地变成了田地。我们七八百亩地收了80万斤谷子，我们1000多人，每人平均收了800斤至1000斤。我们原来也收谷子，但腊月三十晚上都没有米汤喝。水过来了，我们每人能摊千把斤谷子，我的水引过来23年了，老百姓的生活也提高了23年了。

我这一生，对我子子孙孙的要求是要把“大发渠”的精神，永远继承下去。我们是通过艰苦奋斗用生命换来的“大发渠”，希望我们子子孙孙传下去。

什么是中国梦呢？我想，大概这就是吧。

第五章

生命都是应该被珍爱的

法国作家杜伽尔说过：“生命是美好的，一切物质是美好的，智慧是美好的，爱是美好的。”

但很多时候，生命却是脆弱的，很多人都被病痛所折磨，甚至有些人就像早开的花朵又早早凋零。有人说，生命都是应该被珍爱的。他们是医护工作者，他们守护的是别人对生命的美好向往，他们守护的是别人的梦想——

一滴水可以折射太阳的光辉，一朵花可以点缀春天的美丽，一些人，他们没有豪言壮举，却能用自己的满腔热情温暖社会。他们爱岗敬业、积极进取，他们质朴真实、一身正气。他们用行动感染别人，在潜移默化中改变着一个行业、一座城市，甚至是一代人的精神风貌。

我的中国梦

我最大的愿望就是不让患儿误诊漏诊，希望每一个来看病的孩子都能更快一点康复回家！

“贾立群B超”，我得一辈子对这个口碑负责
——“B超神探”贾立群

对自己负责，更要对别人负责，这是每一行的优秀工作者共同的特点，而在医护行业，这一点尤为重要，因为，每一次诊断都事关生命。

“在我发出的超声报告上，尽量避免出现‘疑似’‘可能’等这样一些有不确定性的字眼，都是尽最大努力给出肯定答案。我入行的师傅——徐赛英主任，有一个很好的传统，要求把报告尽可能写到最精确，这样能缩短临床确诊及开始治疗的时间，提高对症下药的效率。

“我父亲也曾经要求我无论干什么都要干好。所以当年知青时，我去烧锅炉，下地干农活，当瓦工，干什么我都要求自己是最好的。”

贾立群，北京儿童医院超声科名誉主任、主任医师，党的十九大代表，2014年被中宣部授予“时代楷模”荣誉称号，2015年被中共中央、国务院授予“全国先进工作者”称号，2016年被中共中央授予“全国优秀共产党员”称号，2017年被人力资源和社会保障部、原国家卫生和计划生育委员会和国家中医药管理局授予“白求恩奖章”，2018年获得第十一届中国医师奖。

“贾立群B超”的由来

我的名字之所以成为北京儿童医院的金字招牌，可能是与下面这组数字有关——

300000——从医41年，接诊过30多万个孩子；

70000——经我之手确诊过的疑难杂症有7万多例；

24——我能做到24小时随叫随到；

19——曾在一个晚上就接到19次急诊电话，往返医院和家19个来回；

25——我在医院上班时已经25年顾不上吃中午饭了。

也许有人很不理解，你为什么要这么做呢？

我是贾立群，人称“B超神探”。说起这“B超神探”的称号，大概也是我从医41年来，同事和患儿的家长们给我的最高称赞了。

在我们儿童医院，门诊每天平均要接诊10000多名患病的儿童，其中得有1/10的孩子都需要通过超声来进行辅助诊断。也就是说我们科室平均每天要给1000多个孩子做超声检查。

这些年，许多家长带着孩子从全国各地到北京来，说要做“贾立群B超”。也经常会有我们医院临床科室的大夫在给病人开超声检查单的时候，会特别手写标注一句：建议做“贾立群B超”。

这“贾立群B超”是怎么来的呢？

10年前，我记得是临近春节前的一天，有一位甘肃的家长带着8岁的女儿焦急地在超声室外面等待检查。孩子的肚子已经断断续续疼了6年了，在当地医院经过多次检查、两次开刀手术都一直没有找到病因。她们慕名来到北京，说北京儿童医院就是最后的希望了。

我记得当时我在给孩子做超声检查时，找了好长时间，最后发现在她的十二指肠上有一个黄豆大小的囊肿，我当时很肯定地判断，这个就是孩子肚子疼的原因，需抓紧时间手术切除。

大约一周后的一天上午，我正在门诊检查病人，10点钟左右，我突然接到了手术室打来的电话，外科主任陈亚军说，他打开孩子的腹腔后，怎么也找不到超声报告的那个囊肿。这时候我也急了，怎么会呢？我在超声下看的难道有错？

我马上赶到了手术室，将消了毒的探头放进患儿的腹腔内仔细寻找。终于发现小囊肿藏在了胰头后面，被胰头包住了。

这时候新的问题又产生了，囊肿的周围都是胰腺组织，当时在手术台上的所有医生一听说这个情况，都不由得倒吸了一口凉气，这可怎么下刀啊？手术刀稍有不慎可能就划破胰管，胰液外渗，形成胰瘘，太危险了。当时几个主任意见也不完全一致，在台上会诊讨论，这个黄豆粒大小的囊肿到底切不切？

其实那个时候，最安全的办法就是不再继续下去，给孩子缝合腹腔，但是不继续就意味着孩子第三次被打开腹腔宣告失败，病变始终没有消除。

切，还是不切？在场所有普外科和肿瘤科的医生都很谨慎。这个时候我就跟陈主任说，我来给您用超声引导，应该能够切下来。就这样，我用探头一点点地引导着，外科医生的手术刀一点点地滑动……两个小时后，手术成功了，当时手术室在场的所有医生都发出了低声的欢呼。

手术结束以后，孩子的父母特别感谢陈主任，陈主任当时对着家属使劲摆手："要谢你们就去谢贾大夫，没他，这手术真没法做。"

还有一次，也是遇上了一个很棘手的病例。有个小男孩在外院经过检查，怀疑他的胃后方有一个1.5厘米的小肿瘤，而且不能排除是恶性的！可以想象当时孩子的家长有多么着急、焦虑和无助。家长抱着孩子来到儿童医院。

但是当我给孩子做超声检查的时候，不对啊？这个所谓的肿瘤在哪儿呢？反复仔细检查，怎么都找不到。可是孩子的父母怎么都不相信我给出的结果，他们又去别的医院继续检查，相关影像学的报告又是给出了肿瘤的结论。

这回家长更着急了，临床医生亲自跑来跟我再三确认，我说，就是没找到。后来临床医生要求："您能不能在诊断报告上加一句话，强调一下'胃后方未见肿瘤'。"我说："当然可以啦！"结果我就给添加上了。

可是这个强调似乎说服不了孩子的家长，毕竟是一个肿瘤，而且不能排除是恶性的，如果真是恶性的，很可能对孩子生命有直接威胁，家长强烈坚决要求做手术，有肿瘤早期切除，没肿瘤也落个心里踏实。后来，肿瘤科的主任亲自主刀做这台手术，打开腹腔后，真的找不到肿瘤，手术室医生打电话火速把我叫上台，当时王主任跟我说的话，我到现在还记得清清楚楚，"麻烦您再给我好好看看，到底有没有瘤，绝对要避免关腹下台之后肿瘤又出现了"。

这已经是我第三次给这个孩子做检查了，再三确定没有肿瘤之后，手术医生才把孩子的腹壁缝合上了。当时家长强烈要求做手术的心情医生们都能理解，只是大家都非常心疼这个孩子。

据说，就是经历了这两个事之后，外科大夫给我起了个"B超神探"的外号。他们说：贾大夫的B超，说有的就有，说没有的就没有。因为多年来我积累了一些经验，很多临床科室在遇到诊断不清楚的疑难病例的时候，就会专门来要求我给孩子做超声检查，就这样临床开始流传“贾立群B超”的说法。

后来因为这个“贾立群B超”，也曾闹过一个误会。

有一天我给一个怀疑胆囊结石的孩子检查，做完了之后，孩子的家长站在机器旁边看了半天，指着B超机器问我：“大夫，您这个B超机是‘贾立群牌’的吗？”当时我听到这个问题的时候，强忍着没笑。我告诉她，这台机器加上我，就可以叫作“贾立群牌B超”了。

虽然是误会，但是我每次看到申请单上标注着“建议做贾立群B超”这行字的时候，不但感觉到温暖和信任，更深深感觉到身上的责任重大。

曾经在放射科的老师跟我说：“你可别小瞧这放射科大夫，本事大本事小全凭一双眼，练出来了病人得福，练不出来病人跟着你一块遭殃。”这句话我一直牢记，在任何时候都在心里勉励自己。既然有了“贾立群B超”这么一个外号，我就得一辈子对这个口碑负责。

大家叫我“口袋医生”

2016年7月1日，在人民大会堂庆祝中国共产党成立95周年的大会上，习总书记亲自给我颁发了“全国优秀共产党员”的证书。我当时特别激动、兴奋，真是我怎么都没想到，我能走上人民大会堂的这个台上，而且是习总书记亲自给我颁奖，还是第一位上台领奖的。当我走到总书记面前，总书记喊出了我的名字，当时我特别震惊，并向总书记问好。习总书记双手递给我证书，并叮嘱我再接再厉。

在这个证书的背后，其实还有很多的故事。为了谢绝很多家长的感谢，节省时间，我的白大褂的兜儿口是缝死的。

曾经有一个孩子经过我的超声检查，得到了明确的诊断，家长非常着急，我就帮助他联系了病房住院。孩子手术痊愈出院后，家长为了感谢，专门到超声科找到我，拿着两张购物卡往我兜儿里塞，我就反复左躲右闪，结果白大衣的两个兜儿全被撕的耷拉下来了，我索性就把两个兜儿给撕下来了。

后来过了一段儿时间，碰到一位同事说："主任您的白大褂儿上怎么没兜儿啊，看着特像厨房的大师傅。"实际上，没兜儿避免了很多家长为了感谢的纠缠，我觉得他说的也有道理，就把兜儿又缝回去了。我怕有人有误会，就从里面把兜口给缝死了。每当家长感谢的时候，怎么塞也塞不进去，我就说兜儿缝着呢，您甭塞了，这样家长们就放弃了。

曾经有一次为了把家长放在桌子上的钱还回去，追着家长跑到医院门前的花坛，保安以为是在捉小偷。所以曾有一段时间大家叫我"口袋医生"，其实缝兜的目的就是想省出更多时间，给更多的孩子做检查。

不吃午饭25年

我已经将近25年的上班时间顾不上吃午饭了。一开始我做超声检查的时候是吃午饭的，后来逐渐养成了不吃午饭的习惯。

做腹部超声检查的孩子都是早晨起来空腹，然后饿着候诊等待检查。有一次，当时都下午3点多了，我感觉又渴又饿，就去泡了一袋方便面。但是我吃方便面的时候，有一个临时加做B超的孩子家长看见了，当时就特别不高兴，他说我孩子还饿着呢，还等着你做B超呢，你当大夫的，怎么吃饭去了。

我当时心里特别委屈，为了避免这样不愉快的事情再次发生，为了让家长更能理解医生，从那儿以后，我就决定中午不吃饭了。不吃饭一来可以挤出这个时间给更多的患儿做检查，二来家长看我不吃不喝，尽管孩子等待时间长些，家长能够非常理解，就没有怨言了。

中午的时间有90分钟，稍微复杂一点儿的病人，我也能做六七个。这样我利用中午时间，一年下来也将近有2000个孩子能够得到及时的检查。

我已经65岁了，虽然过了退休年龄，但我们科室的医生还是短缺，病人还是需要我，所以我每天还是一直在给孩子做检查。41年来，我最大的梦想始终没变，那就是不让一个患儿误诊漏诊，我要做一个让老百姓满意的好医生，我希望每一个来看病的孩子都能早日康复回家！

我的中国梦

作为一名医生，以神经外科作为终身事业，努力跨越临床与基础研究的鸿沟，创新基础与临床相融合的临床神经学科，从脑科学研究的新发现获得启迪，转化为保障病人脑功能的一把利器，造福于人类生活的终极目标。

为国家的脑科学研究做贡献
——国家神经系统疾病临床研究中心主任赵继宗

“我认为作为一名医生，最重要的是对每位病人的生命负责”，这是赵继宗从医几十年来一直谨守的准则。

赵继宗，中国科学院院士，国家神经系统疾病临床研究中心主任，首都医科大学神经外科学院院长、北京天坛医院神经外科教授，中国卒中学会会长。主要从事神经外科疾病的临床和科研、教学工作，参加国家“七五”“八五”科研攻关，担任国家“九五”和“十二五”“脑卒中规范化外科治疗的研究”的课题负责人，先后获得国家科技进步奖3项和吴阶平医学奖，是推动中国神经外科学发展国际化里程碑式的人物。

做神经外科医生的缘起

我选择做一名神经外科医生，是因为受了这两件事的影响。

1964年我在解放军第四军医大学念书的时候，到急诊室实习。急诊室突然来了一位年轻的小伙子，20多岁的农村人。他在给马车轮胎打气的时候，轮胎瓦圈崩开了他的头盖骨。头部受伤的小伙子被送到医院急诊室时已经昏迷，额部开放性骨折，脑组织外露，用老百姓的话说就是“脑子都开花了”。我跟着急诊室的医生，将病人一直送到手术室，观看了整个手术过程。当时我以为，这位病人可能救不过来了。从手术室出来，我非常挂念这位受伤的小伙子病情。第二天一早我到了病房，惊奇地看到小伙子已经清醒，几天后痊愈出院了。脑外科手术这种神奇的疗效，对我后来选择做神经外科医生影响很大。

还有一件事儿，是我在大学二年级，在四医大学校图书馆，看到《解放军画报》上一篇报道，介绍了神经外科专家段国升教授的抢救团队，救治战斗英雄麦贤得的事迹。1965年，南海舰队的一位战士麦贤得，在一次战斗中，弹片从右侧额部一直穿到左侧，头部贯通，伤势十分严重，脑组织外溢。但是战士麦贤得忍受着身心的痛苦，在舰上坚持了3个小时，直到战斗取得胜利。当时抢救麦贤得这位英雄的是解放军总医院神经外科的段国升教授。他带领抢救班子，经过手术、术后的精心治疗，让麦贤得这位英雄不仅奇迹般地活了下来，而且康复得很好。

当时在我心里就埋下了一粒种子，希望将来毕业以后，也能够做一名神经外科医生。

神经外科是我终生事业

我在天坛医院神经外科40多年的行医过程中，深深地感到，要成为一名优秀医生，不仅要把医生当成一个职业，而且应当把它作为自己的终生事业，这样才能够带领这个团队，不断地进步。用这样的勇气和魄力，去推动神经外科的学科创新发展。

在神经外科领域从医40余年，我一直以脑血管病和颅脑肿瘤作为自己临床研究的方向，将科研与临床有效结合，在治疗疑难重症方面积累经验，经过多年不懈的努力和探索，我和我的团队取得了累累硕果，在业界和病人中树立了良好的口碑，并在学科建设与发展过程中的每一个阶段都留下了浓墨重彩的一笔。

20世纪90年代，我国脑血管畸形发病率高于欧美国家，伽玛刀和血管内栓塞都无法治疗巨大血管瘤，这在当时是一个世界性难题。“九五”期间，我主持完成了“颅内巨大动脉瘤、巨大动静脉畸形（AVM）外科治疗”项目的攻关研究，结合中国具体情况，创立切除巨大动脉瘤体、重塑载瘤动脉等术式，攻克复杂性颅内动脉瘤手术关键技术，达到国际同类手术最好水平。

记得有一位从黑龙江来的28岁的小伙子，他脑子里长了一个9厘米的巨大动脉瘤。由于这个动脉瘤，这个小伙子持续性癫痫。家里人几经周折来到了北京天坛医院。病人说，我到你们医院没抱任何幻想，甚至有厌世情绪，觉得如果这样经常地抽搐，我就没法活下去了。

我们团队的医生看过病人的CT、脑血管造影等影像学片子，发现大脑中一个直径9厘米的动脉瘤，占据整个大脑容积的四分之一，十分罕见。面对这样一个巨大的动脉瘤，我们手术能不能成功，能不能把它完整地切下来，而且保证这个小伙子不留什么后遗症？

经过我们课题组的医护人员，还有麻醉科，以及ICU的所有医生共同讨论，研究了几个方案，征得了病人父母亲的同意，我们实施了手术。这个手术持续了十一个半小时，在麻醉医生和手术室护士的配合下，我们采取显微手术，成功地切下了动脉瘤。术后，经过在重症恢复病房精心地护理，病人痊愈出院。

“十五”期间，我主持完成国家规划的“脑卒中规范化外科治疗推广研究”攻关项目，组织全国135家医院神经外科进行高血压脑出血规范化外科临床治疗多中心大样本、单盲临床病例对照研究，采用微创、碎吸和传统开颅3种方法治疗2464例出血性脑卒中，制定并推广脑出血治疗指南，世界著名神经外科专家美国孟得洛（Mendelow）

教授对此评价为“中国脑出血外科治疗达到世界高水平”。

而在“十一五”课题“卒中外科综合治疗技术体系研究”实施中，建立了覆盖我国11省24家医院的烟雾病医疗协作网络；主持完成了1258例烟雾病和36个烟雾病家系的诊断、治疗和随访工作，完善了我国烟雾病流行病谱，确立的脑血运重建术，改善了脑缺血和预防再出血的疗效，并首次在国际上提出反映疾病严重程度的烟雾病影像新分期；建立了烟雾病和烟雾综合征高通量基因检测技术平台，完成国内最大宗烟雾病遗传学研究。

2016年起，我的团队主持国家“十三五”规划项目“复杂性脑血管疾病复合手术新模式治疗技术研究”，采用复合手术新技术，探索闭塞性心、脑同源性血管病同治的新临床模式，改变了内外科、介入与手术治疗学科分离的治疗局面，克服了缺血性与出血性脑血管疾病治疗相冲突的矛盾，提出了“脑心血管病同治”的血管病治疗新理念，为学科创新发展提供了新思路新方法。

为神经外科学二次创业

2018年，我获得吴阶平医学奖，在获奖宣言时表示：“吴阶平医学奖为神经科学的‘二次创业’吹响号角，因为‘中国脑计划’研究即将启动。”

进入21世纪，国际神经外科已经进入了微创医学时代。我和我的团队与中国科学院等国家脑认知重点实验室的科学家们，共同进行脑认知的转化医学的研究。1999 ~ 2008年，十年间我带领团队在完成各类微创手术2039例的基础上，国内率先建成“脑病灶解剖与脑认知功能精确定位系统”和“脑认知功能保护预警系统”微创神经外科技术平台，带领中国神经外科，与国际上发达国家齐头并进，将传统神经外科手术从脑解剖结构保护提升到脑认知功能保护的水平，成为我国微创神经外科学重要的创建者之一。因为取得的这些成绩，我三次获得了国家科技进步二等奖，2018年又荣获吴阶平医学奖。

2013年8月由科技部、国家卫生健康委、军委后勤保障部和食品药品监管总局正式批准成立的首批、唯一“国家神经系统疾病临床医学研究中心”（以下简称“中心”）依托首都医科大学附属北京天坛医院，我担任中心主任。中心的成立是国家深化医疗体制改革、落实《医学科技发展“十二五”规划》的重大举措，承载着上级部门为加强医学科学创新体系建设、提升临床研究能力而打造的神经系统疾病临床医学与转化研究高地的任务。中心是面向我国疾病防治需求，以临床应用为导向，以医疗机构为主体，以协同网络为支撑，开展集临床研究、技术创新、学术交流、人才培养、国际合作等于一体的国家科技建设基地。

任重道远，视神经外科事业为生命的我表示：“我们绝不能故步自封，要勇于创新，敢于突破，在做好本职工作的同时，还应该有远见，用发展的眼光和超前的意识来思考神经学科的发展。”

脑科学问题是人类社会面临的基础科学问题之一，可以说是人类理解自然和人类本身的“终极疆域”。在今日中国，国民的经济收入和生活水准都有了日新月异的飞速提高，但同时伴随着生活方式的改变，人民的身体素质令人担忧，尤其是脑疾病进入了一个高发阶段。随着我国人口老龄化的到来，脑疾病的发病率呈逐年显著上升趋势。随之而来的是脑血管病、帕金森症、老年性痴呆、脑损伤、颅脑肿瘤和慢性疼痛等神经疾病发病率的大幅增加，最终有可能影响到日常的生活甚至生命安危，给病人以及家庭带来非常大的痛苦和经济负担。

聚焦攻克脑重大疾病成为未来医学和生命科学领域最重要前沿领域，我国的脑科学计划面向国家重大需求，以研究脑认知功能的网络结构和工作原理，围绕高发病率脑重大疾病的机理研究，揭示相关的遗传基础和治疗新靶点，实现脑重大疾病的早期诊治和干预，临床神经科学发展迎来了新的机遇与挑战。

在这种宏大背景之下，国家神经系统疾病临床研究中心作为实体建设，作为中心主任的我做了相关介绍，中国脑研究是有中国特色的研究，主要以脑环路，即认知功能为主体展开的。脑科学研究以“一体两翼”为系统展开，“一体”即对脑基本功能的认识，“两翼”即对“健康脑”和“智能脑”的研究。脑科学研究的开展，将更有针对性地研究脑相关疾病及病因，并借助人工智能等现代科学手段，对常见疾病进行判断，及时提出诊疗措施。神经外科将过去尚未认知到的脑功能区新发现，应用在开颅手术中，保护病人的脑功能区，减少病人术后神经功能的缺损，同时也可验证这些科学发现的正确性。

脑科学研究工作不仅是基础科学工作者的事，也是每位临床医师的工作。神经外科既能为脑科学研究提供丰富的脑认知障碍疾病的病人资源，又可以从临床工作中发现和凝练脑科学问题，神经外科在脑基础研究和成果转化方面都发挥着重要作用。作为神经性疾病诊治主力——神经外科医师需要积极思考、结合前期的经验积累，着眼神经外科临床选定脑研究方向，主动出击，与基础研究领域的专家协作，参与脑科学研究计划，站位“脑研究计划”。

20世纪七八十年代，国际神经外科进入显微神经外科时代，我们是在跟跑，而现在我国微创神经外科技术，已经进入了国际先进行列，正在与国际微创神经外科并跑。我们将不断提升脑科学研究能力，争取领跑国际神经外科！

我的中国梦

我想建设一个科学的、伦理的国家器官捐献和移植的体系，为人民群众提供高质量的移植医疗服务，做出一个政治大国的贡献。

让生命在阳光下延续
——肝胆外科专家黄洁夫

他是我国第一批学成归国的学者，也是中国器官移植事业的领军人物！

黄洁夫，中国肝胆外科专家，全国政协常委，中山医科大学外科学硕士学位，澳大利亚悉尼大学医学院外科博士后，曾担任过医院的院长，医科大学的校长，原卫生部的副部长。

器官，是生命的礼物

我是黄洁夫，我从事的专研领域是肝脏移植。

作为一名古稀老人，我壮心不已，始终在为中国乃至世界的移植事业而奋斗。

器官移植是20世纪末一个重大的医学进步，它可以给千千万万器官功能衰竭的病人带去新的生命，给很多患者带去幸福的家庭。器官移植是个高端的医疗技术，但它需要一个器官来源。所以在任何一个国家，要发展这门技术，就要建立一个伦理的、科学的器官捐献和移植体系，这是发展好器官移植事业的关键。

原卫计委在2013年，出台了器官获取和分配的有关规定，我们建立了国家的器官捐献和移植委员会，由我担任主任委员，下面设立了5个体系：器官捐献体系，器官获取和分配体系，器官移植体系，移植后术后登记体系，器官移植监管体系。

2010年，当时的公民捐献才34例。有人认为，这是中国文化说“身体发肤，受之父母”的原因造成的，所以中国的器官捐献难以发展。

这是《孝经》里的话，实际上是古人教育孩子，不要做一些会损害自己躯体的事情。我们常说：“救人一命，胜造七级浮屠。”我当时就说，如果古人生活在今天，一定会有很多器官捐献的志愿者的。

2014年10月，在党的十八届四中全会“依法治国”的精神感召下，我在云南昆明的OPO会议上宣布了：中国从2015年1月1日起，公民的器官捐献成为唯一的合法来源。我们2015年就实现了2776例的公民捐献，是历史新高。然后在2016年，是4080例公民捐献。2017年我们在前一年的基础上又增加了33%，预计可以超过5000例，达到15000~16000例器官移植手术在中国完成。

我国的器官捐献，也有中国特色，我们中国还有一个人道主义救助机制。欧美发达国家因为社会保障比较完善，器官移植或捐献都是国家和政府包办。我们国家的医改还在路上，所以必须设立一个人道主义救助机制。

因为器官是生命的礼物，我们必须得根据中国文化，根据我们是个社会主义大家庭，而更加互相友爱。我们很多捐献者都来自比较贫穷的家庭，上有老，下有小，捐献者爱心的奉献应该得到我们全社会的一个爱心的回报。这就是我们为什么要红十字会参与，不能让器官移植或器官捐献都是在医院里面进行，必须有个第三方宣传这种大爱的精神。

这个爱心和红十字会的精神，要在器官捐献的过程中得到体现，这就是我们中国的特色。另外，我们还在中国设立了很多器官捐献者的陵园、纪念园，所有的医院都有个纪念墙，有器官捐献者的名字。

器官捐献是在阳光下的生命延续

要创造一个新的体系，破除一个旧的东西往往是非常难的，难有很多原因，最难的是人民群众的观念思想难以转变。其实任何一个国家的文化，都有两面性。中华民族的文化，有讲保全尸，但是又有讲救人一命胜造七级浮屠的。另外一面，任何一个国家的文化也一样，都是要通过宣传教育，使人民群众的思想发生改变。实际上，中华人民共和国建立的时候，毛主席就说了，所有高级干部，死后火化。以前都是要入土为安，装一个棺材埋起来，现在不是了，这就是一个观念的改变。党中央和国务院，在2013年就下了一个中共中央办公厅和国务院办公厅的通知，鼓励党员干部，身后捐献遗体和器官，这就是我们国家的导向，高层领导的政治承诺。这件事情要有个过程。

在捐献者中，最让我感动的有几个人：一个是姚贝娜，她是一个知名歌手，同时，她也是一个非常阳光，给大家留下非常好的印象的小姑娘。姚贝娜当时器官捐献的时候，非常困难，当时我国第一年才34例。她身后捐献角膜，在社会上引起了很大反响。另外一个人，叫史铁生。他是著名作家，在北京去世，他说身后要把器官捐献，同时他跟他夫人说一定不要宣传，一定不要有任何经济待遇，他说这是他一生的梦想。还有一个法国人，是个小伙子，在浙江不幸从山上摔下来，去世了，他也把器官捐献了，就在中国，捐给了中国人。

另外在这个改革中，还有一件难的事情。一个好的器官移植医生必须是非常有经验的外科医生，再经过3年到5年的训练才能成为一个好的器官移植医生。所以到2015年以后，我们才走上了阳光之路。现在我们已经有一大批医生快成熟了，2018年我们有了大批合格的心脏移植医生、肺移植医生、肝脏移植医生、肾移植医生出来，在为大家服务了。

我们需要做的事太多了。我在两年前写了一个提案，就是说希望把肾移植手术纳入大病救助，现在国家已经做了这件事，我希望其他的移植，也被纳入基本医疗之中，让普通人都能够享受这种待遇。

我是1963年进广州中山医学院学医的，我原来的志愿是做个工程师。可是我父亲在1961年因为急性爆发性肝炎去世了，他的遗愿就是让我做医生，我按照父亲的遗愿选择了做医生。我觉得这是父亲在天之灵的保佑，做医生可能是我最能为社会做奉献的一件事了。如果我不是做医生，我就不能来主导器官捐献和移植事业的改革了。

我是1970年才分配的。当时分配是学生必须得接受工农兵再教育，我分到云南的一个钢铁厂的矿山去了，我又做矿工，又做医生。后来是改革开放，说要招收研究生，这使我有了机会，我成了国家第一批外科研究生。我报考研究生的导师是王成恩教授，他是中国肝脏外科的先驱，当时我报考的题目就是原位肝移植的临床应用。

我研究生毕业以后，通过了考试，又非常幸运地成了第一批到澳大利亚留学的学生。我学习的题目就是肝脏移植，在国外见到了器官移植是怎么做的，后来我就走上了器官移植之路。

中国是一个伟大的国家，一个政治大国，我们的器官移植来源，必须是走公民捐献的道路，器官移植的希望一定是在神圣的医学的殿堂。我坚信，我们中华民族是拥有五千年文明的国家，绝不是像西方讲的中国人不愿意做器官捐献，器官捐献是在阳光下的生命的延续，只要我们宣传到位了，这个一定会深入人心。

我想，一定得做这个器官移植改革，在这样的决心下，这条路才能一直走下去！

我的中国梦

全国人民都健康，就是我的中国梦！

认认真真看病，踏踏实实做人
——同仁堂中医药大师施小墨

因为药方关系到病人的生命，所以给人开药方的时候，字一定要工工整整，这是家里传下来的祖训！

谨遵先父家训，提倡中西医结合，“认认真真看病，踏踏实实做人”。恪守医道，传承着兼爱施爱，有医无类的精神。

施小墨，“北京四大名医”施今墨先生之子。1970年毕业于首都医科大学医疗系，从事中医临床45年，先后在北京中医医院、北京朝阳医院中医科工作，现任“施小墨诊所”所长，1987年被列为北京市

52位名医之一；2009年被评为同仁堂中医药大师。

行医，行兼爱之道

我叫施小墨，已经从医近50年，我对中医事业的坚持与传承，源自我的父亲，施今墨先生。

父亲的本名其实叫施毓黔。父亲小的时候，跟着我奶奶回娘家，就看到他的舅舅经常给周围的人看病，也有很多人送来匾和东西感谢舅舅，父亲就觉得医生是一个很神圣的职业。

于是父亲13岁开始就跟随他的舅舅学习中医，经常磨着舅舅问这个草药是干什么的，那个病又是怎么回事儿，20岁时已熟习中医理论，开始独立行医。

只不过当时我爷爷家里世代为官，觉得只有踏入仕途才是正道。我父亲当时也有着从政救国的一腔热血，正好又结识了黄兴，便参加了辛亥革命。在父亲觉得救国图志有了希望的时候，袁世凯篡权，父亲救民富国的理想一下子失去了突破口。

父亲不是那种攀龙附凤的人，对当时那些官僚之间的腐败行为深恶痛绝。父亲一度陷入了迷茫，开始反思自己从政的初心。过去有句话叫“不为良相，便为良医”，父亲当时便决定弃政从医。1921年，我父亲改名为“今墨”。这个名字的含义，除了纪念他的出生地——贵州，还寓意着父亲对自己在医德和医术上的准则和要求。

医德上，他要学习墨子，行兼爱之道，治病不论贵贱，施爱不分贫富，父亲遇到贫苦病人，经常免费诊治。

记得1949年的一天，父亲出诊完，夹着小包，拄着拐棍，坐上了一辆三轮车。这辆三轮车看似平常，但车夫稍有特别，他用头巾裹住了整个脑袋，只留着眼睛、鼻子在外面。天气有点冷，我父亲并没在意。到了家门口，我父亲交了车钱刚要转身进家门，这位车夫随手摘下头巾擦汗。父亲才吃惊地发现，原来这是一个女车夫。当时北京的生活水平不算高，但女子出来拉车，却是极罕见的。一番询问我父亲得知，原来这个女车夫的丈夫得了肺结核病，无力出车，这个女子为养家糊口，蹬着丈夫的车上街拉活。我父亲听了以后就说："我是大夫，咱们约个时间，你拉我去你家给你丈夫看看病吧。"后来，我父亲来到车夫家里，给他看了病，见这家人着实穷困潦倒，又吩咐自家药房，给这家人拿药分文不取。这样的事情在我们家的诊所里经常发生，到现在也是一样。

父亲改名的另一个寓意就是说，行医要勇于革新，要成为当代绳墨。这个绳墨就是木工打直线的墨线，意思是成为一个医德、医术上的标杆。这个标杆不只说是对药理、药性的熟知，还在一个灵活和创新。

革新，将中西医结合

有一次，父亲给一户有钱人家看病，这位病人已经请过好多个医生，就是不见好转，于是请了我父亲过去。我父亲一把脉，又看了看之前医生开过的方子，认为这个人应该是温热之症郁结在胸腹之间了，光吃药不行，还要想办法把这个郁结的温热排出去。父亲没着急开方子，而是开始跟在病人家里打杂的人聊天，才得知这位病人，平日里为人特别吝啬，经常克扣手下人工钱，但是自己酷爱收集古玩。父亲想了想，就问这位病人有没有什么特别喜欢的古玩，手下人就说，有一个宋代汝窑的笔洗是这位病人的心头肉。父亲后来就找到了病人的家属，说："治病不难，但是要看你们舍不舍得花钱了。"家里人一听，什么钱不钱的，都是小事儿，父亲当时说药好办，关键是在药引子造价高，是你们家的宋代汝窑笔洗，把笔洗砸碎放在水里煎煮，然后过滤，用煮过笔洗的水熬药。家人一开始不愿意，但后来没办法，照着我父亲的方法做了，把笔洗砸碎了，用煮过笔洗的水熬药，给这位病人端过去喝了。这位病人平时尖酸惯了，喝完药让人把我父亲开的药方拿过去他看看。看完之后，他觉得跟前面医生开的没什么区别，轻蔑地说了一句："施今墨也不过如此。"这个时候，他手下的人跟他说："这药方是没什么区别，但是药引可值钱，是您那个宋代汝窑笔洗给砸碎了，用煮过笔洗的水熬的药。"这位病人一听，一下子气血上涌，急出了一身汗，咕咚晕倒在床上了。再醒来之后，这病就好了。

后来有人就问了，这个笔洗真能入药吗？其实当时我父亲只是想了一个招，温热病需要出汗、发泄，我父亲利用他的吝啬性格和平时的爱好，把笔洗砸了，让他精神紧张，能把这身汗发出来。其实一来是为他病好，二来，也是给他点教训，让他不要克扣手下工人的工钱。

但是，父亲的行医之路也不是一帆风顺，有一阵子因为西医的冲击，传统中医遭受了很大的非议，甚至遭到了“被废除”的威胁。在大家对中医发展感到迷茫的时候，父亲又不畏争议地站出来，主张革新，坚持中西医结合。父亲研究了很多西医理论，觉得西医和中医可以互补。只要一切有利于为病人治病，中医还是西医，重要吗？于是父亲在1932年，带领创办的华北国医学院，将他的行医准则，立成《医戒十二条》作为他教导学生的医德准则，又率先设置了解剖、生理等西医基础课程。

1969年，我父亲在去世之前，专门把主治医生叫到床前，立下遗嘱，将自己的遗体捐献，用于医学的解剖研究。主治医生当时对我们说：“你父亲恐怕是第一个这样做的中医医生了。”这就是父亲留下的最后的感动，他曾经说过：“治病救人，有医无类，才是其以身相许的事业。”他做到了。

后来我们将父亲的骨灰撒到了通惠河里，因为站在家里，从窗子向外就可看到通惠河流过。父亲的这种家风和医德，不仅需要我们后辈去传承，也提醒每一位从医者在医术研究时应保有革新精神与严谨态度。

我的中国梦

希望通过我们的努力，肿瘤患者们不仅能够得到身体上救治，更能获得心灵上的抚慰与疏导，帮助他们消除恐惧、获得尊严，愿全社会共同关注患者的心理治疗。

让患者获得尊严
——北京协和医院肿瘤内科副主任医师邵亚娟

肿瘤科大概是很多人这辈子都不想去的地方，可是作为医生却要坚守在那里，为病人们治疗。

大多数医生，有时勇敢冷静，但也时常害怕生命的脆弱；医生有付出，也有无奈和失望。我因为工作的原因曾经很低落，一度还找过心理医生……这恰恰是一份真实的情感，是对于生命的敬畏，医生不仅是拯救生命的人，有时也是在拯救心灵。

邵亚娟，北京协和医院肿瘤内科副主任医师，协和医院“百人计划”培养项目的优秀骨干，北京协和医院舒缓医疗团队医生，与首师大心理研究所合作，对肿瘤患者进行正念减压治疗，希望借以改善患者的焦虑抑郁情绪，提高生活质量。

关于生与死的思考

曾有一段时间，医患关系达到了非常紧张的地步，医护人员被妖魔化，伤医事件层出不穷。医患关系怎么了？

我是邵亚娟，今天来讲一讲医生和患者的故事。

“癌症”“晚期”，这样的一些字眼很多人听到后都会有一些不舒服，甚至是恐惧。的确，在现阶段，尽管我们已经拥有了更好的技术，更精准的药物，甚至有一些肿瘤患者的生存时间得到了很大改善，但总体而言，提到癌症总会让我们想起“死亡”，但是作为肿瘤科的医生，我们无时无刻不在谈论着这些词语。

肿瘤内科，一个听起来很沉重的科室。它不像急诊室那样每天争分夺秒地上演与生命赛跑的紧张故事，也不像外科手术台上医生可以凭借一把刀和病灶面对面地战斗，我们常常和隐形的肿瘤较量，除此以外，我们更多时候还要面对患者的内心的恐惧和关于生与死的思考。

2005年我进入协和医院肿瘤内科，经过了一年半的专科培训，开始正式管理病房。那时，我感觉自己已经学习了很多知识，有了拯救世界的力量，我希望用自己的努力为患者送去最好的治疗。

我为我负责的每一个病人都建了一个小档案。那时候我每天晚上下班前都要干一件事，就是在本子上给病人算床位，今天安排哪个病人，给他用几天药，他走后谁可以进来，详细地记录在本子上，我觉得这样算可以减少患者等待的时间。

可是没过多久，我就发现费尽心思做的计划总是会被病人不可预知的病情所打乱，旧的问题没有解决，新的病人不得不忍着病痛继续等待。

面对生命的无常我时常感到很无力，而这种无力感在经历一件事情后彻底爆发了。2017年我接管了一位30多岁的患者，肠癌晚期，全身多处骨转移。之所以她到晚期才发现疾病，是因为她怀孕了，一直到生产时才发现腹腔有肿瘤，孩子是健康的，而她失去了早期手术的机会。

当时我也已经是做母亲的人了，我内心里特别希望她能够有一个好的结果，哪怕是多一点陪伴孩子的时间呢。我第一次见她时，她躺在床上，由于腰椎的转移，她无法坐起来。我问她有什么不舒服，她不说话，甚至都不看我。后来她爱人跟我说，她自己已经提过多次不想治疗了。给她做检查的时候，我握着她的手，告诉她，我也是一个妈妈，我特别理解你现在的矛盾心情。她认真地看着我，跟我说："我不怕化疗，但我觉得化疗没有用。而且会花很多钱，我想把钱留给孩子，他还小。"说到这我们俩都哭了。

其实我并不想让她看到一个不够坚强的医生，但是眼泪根本就控制不住。她终于说出了心里话："我就是怕拖累家里人。"我说："如果躺在床上的是你的家人，你会觉得他拖累了你吗？你愿意他直接选择放弃治疗吗？"她听了以后愣了一会儿，突然改变了态度，开始做化疗。

但是很快一个问题摆在了所有人面前，那就是关于用药剂量的问题。如果用半量病人能接受，但是可能效果不好，用全量就是以更快的速度和癌细胞赛跑，但由于病人长期卧床，肺部有炎症，抵抗力下降可能导致败血症，并引发感染性休克，病人能不能扛过这一关很难确定。在跟家属及患者本人进行了沟通后，我们制定了半量、每周一次的方案。化疗后患者的状态开始改善，甚至有一段时间她能坐在轮椅上到病房的外面转转，孩子也会常常到病房外跟她见一见。那段时间，我非常开心。

可是一个月后，患者的状态突然恶化，两天后这位母亲就离开了。她爱人抓着她的手痛哭的时候，我终于忍不住跑进办公室号啕大哭起来，同事们冲过来以为我和别人发生了口角，其实我只是想把一直压抑的情绪释放出来。尽管家属都非常感激我们为病人所做的一切，但我仍然无法释怀。

生命的脆弱让我无法承受，为病人投入了多少感情，心里就有多痛苦。

在之后的两年里，我常常沉浸在一种无力的情绪中，有时候比较悲观，不知道自己能为病人做点什么。每次有病人离开，我的内心就多了一些无助。我们科里一位教授看到我的情绪变化，找我谈了谈，她说："小邵，我当初和你是一样的，充满希望地进来，结果常常陷入失望之中。但是，化疗只是治疗的一部分，我们还是有很多可以做的，患者需要我们的帮助。"

当时，医院里正好有心理培训的课程，我在心理科老师的帮助下逐渐从负面情绪中走出来。当我学习了肿瘤患者心理以及和他们的沟通方法以后，我才发现，其实比起癌细胞的可怕程度，更无法克服的是病人对于癌症的恐惧。

让患者消除恐惧，获得尊严

有一位肺癌早期的患者，他的肿瘤很小，各项检查也都比较正常，接受放疗没过几天，化疗还没开始呢，放疗科医生就给我打电话了，说这个患者心率太快，不能继续放疗了，还是收进病房查一查吧。病人的心电监护上显示的心率一直在140～150次/分，我们给他做了心脏和肺部的检查都没有找到明确的原因。他家里人说，大夫，给他点睡觉药吧，他每天晚上都不睡。我走到他的床前，发现他的心率突然更快了，已经到160次了，还没等我开口，他就特别恐惧地问我："医生，我是不是快要死了，我觉得心脏已经快要跳出来了，你们一定要救救我。"我说："你这几天都不睡觉，你不困吗？"他说："我困呀，可是我不能闭上眼睛，闭上了我就醒不过来了。"

我坐在他床旁，慢慢跟他说："你看，你的房间就在护士站对面，你的监护实时显示你的心跳的指标，而且你的家人一晚上都在陪着你，值班医生休息室离你的病房只有几米，你只要感觉不舒服，或者家里人发现有问题，值班医生一分钟内就会出现。我24小时手机开机，所以你放心，我们一定会尽力保护你的。"

说到这里，他悬着的心终于放下来了，那天夜里，护士例行检查时，他的心率终于回到了每分钟90次。其实，比起癌症疾病的治疗，患者的心理治疗一直被我们忽视了。

有患者说："你们医生不要只看到我们的肿瘤，还得把我们作为一个整体的人来对待。"这句话对我的触动很大，于是我对我的病人开出了自己的药方——心理舒缓治疗。病人有心理的痛，焦虑抑郁；也有社会的痛，他们有社会的隔离感，周围人把他们看作另类；还有灵性的痛，世界上有天堂吗，有地狱吗？这些问题都需要医生去帮助他们解决。

十几年的从医经历也是一种修行，医生的职业让我从一个特殊的角度来看待人世间的生离死别，"偶尔治愈、常常缓解、总是安慰"。作为医者的核心，人们总是盯住"治愈"，而作为医者的核心理念，"总是安慰"却常常被忽略。

肉体的病灶不再是医生的唯一目标，手术和放化疗不再是医生的唯一手段。对于每一个肿瘤患者，消除恐惧，获得尊严是首要解决的问题。而我们，是解决这一问题的主要力量！

我的中国梦

矢志不渝地为一带一路沿线国家，尤其是非洲不发达地区的妇女儿童健康服务，是我的终身梦想和奋斗目标。我想成为她们的“和平天使”，给她们带去幸运和希望。

生命，都应该被珍爱
——援突尼斯医疗队医师郭璐萍

1963年，中国为响应阿尔及利亚紧急医疗救援的呼吁，组织国内最优秀的医疗力量，赴万里之外，迈出对非洲医疗援助的第一步。

55年来，中国先后向非洲67个国家和地区，派遣了2.6万名医护人员，累计救治患者2.8亿人次。“不畏艰苦、甘于奉献、救死扶伤、大爱无疆”这16个字是国家主席习近平在非洲访问时给予援外医疗队最高的评价。

郭璐萍，江西省新余市妇幼保健院副主任医师，白求恩奖章获得者、全国岗位学雷锋标兵、全国三八红旗手、全国最美医生。郭璐萍从事妇产科临床一线工作20余年，以仁心仁术深受患者爱戴。2014年，中国组建第21批援突尼斯医疗队，为圆“医术报国”夙愿，郭璐萍主动请缨，远赴非洲执行援外医疗任务。她亲手迎接了1436个非洲新生命的诞生，完成大小手术约500余台。2015年，在左胸发现癌症肿块、个人生命受到死亡威胁的情况下依然带病上岗，在高强度的工作条件下继续救治患者长达5个月，挽救了近百名非洲妇女儿童的生命，却错过了自身乳腺癌的最佳治疗时间。郭璐萍以大无畏的牺牲精神和崇高的国际人道主义精神，树立了中国医生光辉的国际形象。

中国医疗队——上帝派来的天使

我叫郭璐萍，是一个妇产科医生。

2014年之前我从未出过远门，那一年的春天，我加入了中国第21批援突尼斯医疗队，年底前将远赴突尼斯参加两年的医疗任务。没想到第一次出远门竟然是去国外，而且还是去非洲。

那一年，我已经38岁了。结婚10多年来和爱人的感情很好，我们俩平时的工作都很忙，一直没时间要自己的宝宝。去非洲前我和爱人订下两年之约，等援非结束后，就要一个属于自己的孩子。

2014年11月28日，我和队友们带着药品、医疗用具，还有蔬菜种子，从北京出发，飞越万里抵达突尼斯。我所分配的西迪大区医院是方圆200千米以内唯一的一家医院，妇产科只有3名医生。上班的第一天，我就做了20个B超，完成了7台手术，抢救了2对高危妇婴。

2015年3月16日凌晨4时，一名产妇突然频繁宫缩，正常的胎心，每分钟120~160次，而她的胎心仅仅为80次/每分钟。我当时的判断是胎儿急性缺氧，必须马上手术。按照平常的惯例，要在产妇的腰背部打麻醉需要花上十几二十分钟，时间上根本来不及，情急之下我迅速做了个决定，直接上手术台，在产妇的下腹部打局部麻醉。三分钟后手术室传来一声婴儿的啼哭，母子平安。这次局麻抢救打破了当地医院在同种情形下抢救零成功的纪录，令当地医院的医务人员对中国医生刮目相看。

医院只有一间妇产科手术室，再危急的手术也只能一台等一台，有些产妇因为等手术室错过了时间，失去了最佳的抢救时机，最后出现了一些悲痛的结局。

那些时刻我的内心是悲痛难忍的，生命都应该被珍爱！

为了改变现状，我打破常规，在外科手术室开展产科手术，几个手术间同时进行，实行车轮战术。这台手术结束整理工具的时候，下一台手术就已经打好麻醉，可以开始工作了，实现了手术无缝对接。节约了时间，提高了效率，为生命争分夺秒。

中国医疗队带去了先进技术，提供免费治疗，在当地，中国医生被称为“上帝派来的天使”。可是这天使美誉的背后，也面临着各种危险。

在非洲艾滋病患者和艾滋病病毒携带者占全球感染人数的70%以上。作为妇产科医生，我们所救治的病人也免不了这种情况。在做这种手术的时候我们会特别小心，会换上防护服，换上鞋套。但是做手术的各种小工具非常锐利，稍不留神就会在自己身上划一个小口，就有可能被感染。虽然做手术的时候我们会戴上手套，但是双手仍不时地被鲜血所浸染，感受还是不一样：紧张、担心、小心翼翼，就这样在突尼斯我做了496台手术，迎接了1436个新生。

愿我的坚守换来更多生命的绽放

2016年1月，在我回国探亲的时候，进行了身体检查，在那个时候我被确诊为乳腺癌中晚期。在之后的一段时间里我接受了手术、化疗、放疗。其实在回国前的5个月，我的身体已经传递出来一些信号，左胸出现肿块，有时隐隐地疼痛。可是那个时候根本顾不上多想，在突尼斯每天七八十位病人，让我就像一个高速运转的陀螺，忙到没有时间想太多。看着大出血的产妇，不可能袖手旁观，只想着让我再多救一个人，等有时间了，再去检查自己的身体，就这样拖了5个月直到回国。

主治医生告诉我，如果早来3个月肯定不是这种结果。他甚至责怪我："你自己就是医生，自己的身体生病了，怎么都不回来？"也有记者采访我，问我这个问题，是什么让你坚持5个月？其实我真的没有刻意去想，每天真的忙得停不下来，我相信在当时那种情况下，任何一个援外医生都不会擅自离开自己的岗位。

突尼斯的工作和国内相比更加辛苦，有一天有8台手术，做到第7台手术的时候，我心脏不是很舒服，当时就蹲了下去，稍微缓解后我继续坚持完成手术。我爱人担心我的身体，给我寄了一些中药。我每天把中药熬制成茶叶一样的药汁，装到矿泉水瓶子里，带到单位去，工作之余喝上几口，帮助恢复体力。外国医生以为是中国的茶叶，就问怎么茶叶这么难喝呢？还觉得很奇怪。

我生病以后，爱人一直非常着急，但还是很支持我的工作，希望我多保重身体。也问我能不能回国做个检查，但是当时的病人太多了，是不可能离开岗位的，每一天都很辛苦，但是能帮助到那么多需要帮助的人，我的内心感到非常的充实。如果能以我的坚守换来更多生命的灿烂绽放，我认为非常值得。

正是因为在这背后有更多的中非医疗团队的默默付出，包括他们的家庭，才使得中非友谊如参天大树一般枝叶繁茂。

现在我的爱人一直陪着我，鼓励着我，我很想对他说："谢谢你，谢谢你一直以来对我无微不至地关心和照顾。"

我还能做什么呢？我愿意带着对孩子的爱，让更多的孩子平安地降生，让更多的母亲、更多的女性开启她们做妈妈的幸福旅程！

中国梦，不仅仅是中国人自己的美好梦想，也是中国人带给全世界的美好梦想。

我的中国梦

用爱心守护生命的希望。

用爱“治愈”病人
——南丁格尔奖章获得者赵庆华

在有些人眼里，护士工作只是打针、发药、换吊瓶，其实没那么简单，护理工作还是很讲究的。

得病以后三分靠治，七分靠养。所以在我眼里，护士和医生是一样的，都是救死扶伤，一个是治身，一个是疗心——

赵庆华，重庆医科大学附属第一医院护理部主任、主任护师、教授、博士生导师，党的十九大代表，从事护理工作35年，2009年被评为全国妇联及原卫生部“巾帼建功标兵”，2015年获得第45届南丁格尔奖章，2016年获全国三八红旗手，2018年当选为全国第十二次妇女代表，获中国最美医生奖。

我失去了做母亲的权利

我叫赵庆华，我从事护理工作已经37年了。

学生们经常问我一个问题："到底怎么样，才能成为一名好护士。"我说："用党员的标准，就是为人民服好务，慎守病人家务及秘密。竭诚协助医生之诊治，不谋病者之福利。"

我的从业之路跟我外婆有关。6岁那年，外婆在哄我午休的时候，突然倒下了，再也没有站起来，我再也不能和外婆挤在一起睡了。

趁着大人不备，我就悄悄地溜进了外婆的房间，外婆房间里面有一种刺鼻的气味，也就是后来，陪伴我30多年的消毒药水味。我看着外婆用吃力的眼神，盯着我，望着我。我在想，外婆为什么不像从前那样，用她温暖的手哄我，逗我？然后，爸爸妈妈和舅舅舅妈们，冲进了房间，外婆再也没有睁开眼。

几天以后，妈妈指着一个小土堆跟我说："庆华，你的外婆就躺在这里了，再也不回去了。"我当时非常纳闷，懵懂地问为什么呢？妈妈没有回答我。

我曾经在家里，听到大人们议论，说如果家里有医生，外婆也许就有救了，所以我就立志，今后一定要当医生。邻居家有个大男孩，就笑话我说："庆华，你的外婆已经去世了，你现在就是当了医生，也救回不了你的外婆。"我当时非常生气，无法接受这个事实，就号啕地吼了回去。我坚定地说："我要救所有人的外婆，若我无法救所有人的外婆，无法挽救生命，那我就去尽最大的努力，去减轻病人的痛苦。"

1979年，初中毕业的我，以全校第一名的成绩，考进了现在的重庆医科大学护理学院，为今后成为护士迈出了第一步。日子过得很快，护士的工作，远远比我想象的辛苦得多。那些打针、换药、查房的基础工作，其实后面藏着很大的压力和责任。

1991年初，我当时在重庆医科大学附属第一医院心内科工作，一位罹患胃平滑肌肉瘤的患者，同时也患有冠心病，她要用一种特殊的化疗药物，叫表阿霉素。这种药物的心脏毒性和对血管的刺激性特别大。当时，我想起了外婆在病榻上的那种哀号，我想我一定要救所有人的外婆。

那么她就像我的外婆，于是当时已有身孕的我，毅然承担了这位婆婆的化疗和护理任务。然而这个婆婆的血管条件非常差，有的时候在婆婆床边，一蹲就是半个多小时，甚至一个多小时。由于过度劳累和精神紧张，我不幸流产了，失去了那个未曾谋面的孩子。

后来在我病休的第三天，婆婆的老伴儿颤颤巍巍地找到了我，就跟我讲："小赵，婆婆不愿意再接受化疗了，就犟着一个态度，要等你回去，她就相信你。”我一听着急了，这怎么能等，我就跑回了病房，去看那个婆婆。婆婆一看见我就抓住我的手，就说你就像我的亲孙女一样，有你在我才安心。

这一拉手就长达8个月，我因此也落下了并发症，同时被告知，我永远失去了一个做母亲的权利。那是我第一次怀疑，自己当初选择做护士是不是正确，我一直在问自己：“值吗？”我也哭着跟我先生说，我先生没有讲话，只抱着我哭，我想了一万种先生可能埋怨我的理由，甚至做好了最坏的打算。谁知道先生哽咽着对我说：“我哭，只是想陪你一起伤心，这下可好了，从此以后，我就成了你的唯一。”我知道，他的心里一定是排山倒海一样。

回想起得知那个不幸消息的时候，我一再地问医生、问护士，我是不是再也没可能做妈妈了。那个时候我终于切身体会到，病患和家属在面对疾病的时候，是多么脆弱和无助，他们只能把所有的期望，都寄托在医生和护士身上。

我愿意做你的妈妈

在2008年汶川大地震的时候，一个年仅17岁的北川男孩送到我们医院来的时候，有严重的震后心理创伤，特别悲观绝望。对于救治态度，十分消极，喂进去的药都吐出去，饭也不吃。他面临多器官衰竭的风险，眼看着从地震堆里扒出来的小孩，再这样下去就有生命危险，我和我的护士姐妹们，都特别心焦。

有一天轮到我照顾他，我又试着问他：“小涛你有没有来过重庆，有没有吃过重庆最好吃的东西呀？”他还是不理我，没有什么动静。实际上，我根本没有奢望他能够回答我什么，但是我仍然自说自话：“你看吧，重庆有很多好吃的。”这个时候，他突然蹦出了两个字“火锅”。我当时心里特别惊喜，后来我才得知，在这次地震中，小涛家里面失去了包括他妈妈在内的18位亲人。在孩子康复出院的前期，我请小涛吃火锅，小涛跟我说：“赵阿姨，我的母亲，也是一个护士，她在医院护理病人的时候，在地震中去世了，我能叫您一声妈妈吗？”

他这句话一出口，我的心立刻被揪起来。我在想，如果我的孩子，能够来到这个世界上，也该和他一般大小。我直接搂过了孩子：“孩子，如果你愿意，我愿意做你的妈妈。”

原来在这个行业，有这么多无私无畏的医生和护士，他们因为职业的理想和对患者真诚的爱，付出了如此沉重的代价。我与这个孩子的相遇，也许是冥冥中注定的吧。从此孩子这个事，也解开了我的心结。

这位小涛现在是一位光荣的军人，他说：“赵妈妈，你们守护生命，我们守护你们。”我一直觉得这是一个有爱的循环，也是让我一直做护士的初衷。我失去了外婆，却拥有了一个个把我当亲孙女、亲女儿的温厚长者。我失去了孩子，却听到了最真诚、最真实的呼唤。

我们医护人员和病人家属，其实是一种共生的亲密关系。我们因为病人而劳苦，我们因为病人的痛苦而伤悲，因为我们是护士，我们肩负着责任，心怀大爱。

我刚进医院来，是一个小护士的时候，经常排夜班。一周可能上3到4个夜班，尤其是4点到5点的时候，天又特别冷，这也是病人最危险的时候。有一次印象特别深刻，在深夜3点钟，我们有一个病人，是心房纤颤，要用一种药物，叫奎尼丁。那种药用药以后的两个小时，是它的高峰浓度时间。同时它的毒性反应也非常重，刚好我带了一个学生，我就说："这个病人凌晨1点钟，用的奎尼丁，现在是3点，我们去看他。"刚好走过去，病人就发生意外，突然心脏骤停，就是阿–斯综合征。当时非常危急。我们马上给他除颤，打点滴，把通道给建起来。这个病人一直电击了7次，非常幸运的是，发现得早，抢救得及时，这个病人存活了，太不容易了。如果当时时间稍晚一点，可能再也没有机会了。那个病人很巧，如果晚1～2分钟都有可能发生意外，因为我们心脏的抢救，在4分钟之内是最好的。

随着医学、科学的进步，对我们护理学科的要求也越来越高，挑战越来越大。随着人口老龄化社会的到来，新时代对护理人员有新的使命。我有一个新的梦想，通过我们专业的人员与联合家庭、社区、政府，三个层面共同努力，建立一个完善的慢病管理体系和社会支持保障体系。让我们的老人在晚年拥有健康保障，得到很好的护理和尊严！希望这个梦想早日成真。

我的中国梦

走进新时代，追梦新征程，用责任之心、专业技能守护夕阳红。

守护“夕阳红”
——山西太原市精神病医院老年科主任李丽珠

在我国老龄化的社会形势下，为数众多又与日俱增的失能失智的重病老人群体，老人们的生活质量谁来保障？人生尊严如何获得？护理这些老人，又需要付出怎样的耐心和艰辛呢？

李丽珠，山西太原市精神病医院老年科的主任。先后荣获“全国先进工作者”“全国医药卫生系统先进个人”等荣誉称号。

是医护主任，又是屎尿主任

“老吾老以及人之老”是中国几千年来的传统美德，在经济和文明已经大幅度进步的现代社会，更好地养老护老，是美好社会的重要组成部分。

我叫李丽珠，作为一名在精神病院工作36年的老护士，我倍感骄傲与自豪。

我现在做的是老年护理工作，已经做了17年了。2000年的时候，医院决定由我组建精神病院的老年科，组建红十字托老中心，服务的老人是其他养老机构不接收的老年精神障碍患者、老年痴呆患者、生活不能自理的老人和需要临终关怀的老人。

要想当好这些老人的保姆，其难度可想而知。他们会莫名其妙地发脾气，喂饭的时候会吐你一身，会把大便到处乱抹……每当这个时候，我这个大家庭的女儿就出现了。我认为我就是一名护士，我做不了伟大的事情，但我能用伟大的爱去护理患者，让有病老人没有痛苦，有尊严地走完人生的最后旅途。

据不完全地统计，我国60岁以上的老年人，达到了2亿到3亿。而在这其中又有4000万到5000万的有病老人，也就是半失能、失能、失智的老年人群。对于解决老龄化快速到来，有病老人长期照护的问题，现在社会上的呼声越来越多了。当老人老了，身体状况越来越差，生活自理能力不行的时候，就会成为真正的弱势人群。这个时候，就应该得到全社会的照顾、关怀和关爱。

王大爷，他的儿子把他送来时，跟我们一直是唠唠叨叨地抱怨：“我爸爸老闹事，我们在家真的弄不了他，他把大小便到处乱抹。没办法，只能送到你们这里。”当我查房的时候，我来到老人身边，我一进那个病房，满屋子臭味儿熏天，老人紧紧捂着被子，瞪着眼睛敌视地看着我。我走过去，掀起老人的被子，只见老人满手是大小便，冲着我就要甩，我赶紧握着他的双手，轻轻地说：“王大爷，我知道您有病，您控制不了自己的大小便，听话，我来帮助你清理。”我把老人的脏衣服换下，给老人把纸尿裤换下，给老人换上新的衣服，给老人换上干净的床单。

每当这些老人提起我对他们的照顾时，总是激动地说：“您不完全是医护主任，您还兼‘屎尿主任’。”

从2000年到现在，我已服务了3000多位老人，跟随我时间最长的老人是16年，我陪伴240多位老人走完人生的最后旅途。

割舍不断这份亲情

我时常把替天下儿女尽孝挂在嘴边，可是对于我已经去世的老母亲，我心怀愧疚。

在家里我觉得自己就是一个不孝女，我的老母亲从有病一直到去世，我只陪伴了35天，对我自己的母亲，我真的没有尽到孝心，因为我这里的老人太多了，需要更多的精力在这里工作，而对我的母亲，我真的很愧疚。

2015年我的母亲去世，当处理完我母亲的后事以后，出殡后的第二天，我又来到了医院，80多岁的失智邢大爷跌跌撞撞地跑到我跟前叫："妈妈妈妈。"听到他的叫声，我心里异常痛苦，我的妈妈已经听不到我的声音了。

大家想过没有，当我们的老人老了，生病了，牙掉了，瘫痪了，老年痴呆了，生活不能自理了，这个时候你该怎么尽孝呢？

82岁的高级教师闫老师，在生命的最后时刻，常常拉着我的手说："主任，当我身体好的时候，我真的不需要人来帮助，我真的拒绝子女们来，拒绝保姆来，我曾经为我的儿子在美国工作而骄傲，也曾经为他在太原给我买了三套高级住房而自豪。但是现在我老了，病了，这些对我来说都不重要了，现在我最需要的就是帮助和爱，而在您这里得到了，真的谢谢您。"当老人的儿子从美国匆忙赶回来的时候，老人的生命体征已经消失了，那个时候他的儿子能做的只能是放声大哭。当我把老人瞪大的双眼，安抚地闭上的那一瞬间，我深深地感觉到，作为一名老年护理工作者责任重大，我能做的，就是用我的专业技能让有病老人没有痛苦但有尊严地走完人生的最后旅途，最终心怀美好离开这个世界。

我17年来都只穿红衣服，为什么呢？从我本身来说比较偏爱红色，因为红色象征着爱的颜色，红色象征着积极向上。我做的是老年护理的工作，我要通过我的这种感受，通过我阳光的一面，给老人带来积极向上的生活活力，以及对美好未来的向往。而从另一种角度来说，我做的工作是夕阳西下，每天是很压抑的。我要穿上红色，我要把我的精气神挺起来，传达、传染给我们的老人。可能大家不知道，到现在为止，我们的主任一直都在吃着精神科特别常用的一种帮助睡眠的药。所以红色，一个是给老人带来喜庆，另外一个就是让自己不断提升更好地为老人服务的精神。

到了年龄我应该退休了，我申请接着又干了一年。实话说，我也是普通的女人，我也想到退休以后，用我的专业技能到其他地方兼职。和大多数人一样，我生活当中也需要钱，但是别人可能没有我的感受，因为我们这个老年科，这个托老中心，从建立之日起一直是我在那里工作，已经17年了。某种意义上，它是我的一片情怀，我有时候真想把它放下，但是当你进到那个院里，一进门，那些失智老人争着给你提包包，那些老人冲着你过来喊妈妈，你割舍不断这份亲情，所以我又坚持做下来了。

现在我的梦想就是想要让老人“老有所养，病有所医”，我要给老人创造一个温馨的大家庭！

因为我们医院要盖一个11层楼，给老人创造一个350张床位的医养结合中心，我希望我们的有病老人尽快搬到里头，让他们没有痛苦，有尊严地走完人生的最后旅途。

这个梦想是为了今天的老人，更是为了明天的我们自己。

我的中国梦

让我们每一个人都看得上病，看得起病，看得好病。

不离不弃，17年护理艾滋病患者
——乡村医生王焕云

顾长卫曾导演过一部电影《最爱》，由章子怡和郭富城领衔主演，讲述的是得了艾滋病的两人的爱情故事，主角和剧中的村民几乎都是因为不卫生的卖血而感染的艾滋病。他们，并不是只存在于荧幕上。

17年前，竹山县溢水镇陈家铺村，一个40岁的男子被确诊感染艾滋病。整个村子立刻笼罩在恐惧中，后来在其他5个村又陆续确诊了30个艾滋病患者。

17年来，作为一名乡村医生的他，坚持义务为30名艾滋病患者护理、治疗。最终在他的引导下，当地没有再增加一例患者。

王焕云，竹山县溢水镇卫生院中医科医生。作为一名乡村医生的他，守护艾滋病患者17年，2016年7月被中组部授予“全国优秀共产党员”荣誉称号，2017年8月，被表彰为全国卫生计生系统“白求恩奖章”获得者之一。

他们日子好起来，付出多少都值得

我是王焕云，是竹山县溢水镇陈家铺村的一个中医医生。

我们这种村子里的人，跟大城市的人不一样。村子里的人生病了，不管大病小病，都喜欢先看中医，因为我年轻时专门到城里去拜了师傅学的中医，所以村里人大多比较信任我。

我一直都是给人把脉开药，做着一个医生该做的事情，直到2001年的那一天——

小时候跟我玩的一个特别好的朋友，叫杨守贵，来找我看病。他说自己一直发高烧，感冒很厉害，让我给他看看。我就当是感冒给他看，但是治疗了两天之后我发现情况不太对，他的那些病状不见好转，再加上他还盗汗、乏力、消瘦，甚至皮肤出现溃烂。这个时候我联想到一件可怕的事情，会不会是艾滋病？因为以前我们村子太贫穷，有一段时间有人出去偷偷卖血。

于是我就让人把他的血样送到疾控中心检查，结果一出来确诊是艾滋病。我心里难过得很，因为他小时候跟我同吃一个奶水长大的，他妈一边喂我一边喂他，我俩是这样一种感情，跟亲人一样。那个时候我也有点害怕这个病，也不知道怎么帮他，最后眼睁睁看着他人就没了，心里很不是滋味……

后来由于他这个病被确诊了，县里的疾控中心在其他几个村进行了排查，又陆续确诊了30个艾滋病人。县里当时急需要一个人来管艾滋病的防控，因为我是第一个发现这个病的人，他们就想到了我。

说实话我也思考过，也很有压力。但是我一想到杨守贵，我心里就受不了。都是我的父老乡亲，这个事情是必须有人去做的，如果这个时候没人帮助他们，他们得多寒心哪！

于是我从2002年开始，正式管理起了我们陈家铺村和附近5个地方的艾滋病防控工作。

当时村民对艾滋病的认识不多，只知道这是能死人的病，是治不好的绝症，都害怕得不行，所以也不能理解我的工作。首先我家里人就很不理解，本来在基层工作，挣钱就不多，干这个有时候还要自己搭些钱，我爱人当时非常反对，也为我担了不少心。

2003年“非典”的时候，我骑摩托车送药不小心摔倒在河里，第二天患了重感冒，卧床治疗了十来天。见我浑身乏力、打寒战、高烧，我妻子就有点担心了，问我：“看你这症状，是不是感染了艾滋病？”我告诉她是重感冒，她非让我检查。我检查了，有体检报告证明我没感染，她还是不信，亲自去问了疾控中心的主任，听到主任亲口说“王焕云没有感染艾滋病”才算放心。

后来干的年头久了，她看我每天跟这些人接触也没得啥病，每年两次体检，她心里也踏实点。再加上我总跟她讲艾滋病到底怎么传染，怎么防护，她也就慢慢没那么紧张了。有的时候，病人来家里找我看病，留下来吃饭她也能接受了，还给他们做饭。虽然她还是用些一次性碗筷，但是理解我了，就已经很不错了。

其实说起不理解，当时除了家人，外面村民有一段日子也很排斥我。有的人就说，我给他们艾滋病人看病，每天跟他们一起吃饭，是因为我也有这个病。有一次，我到一所小学去给学生打疫苗，有一个老师见了我像见到魔鬼一样，说你们赶紧离王焕云远点，一阵风就可以把我身上的病毒传染给所有人。那些学生们吓得立刻躲开了……那次我是真的心寒，不理解也就算了，我感觉这句话说出来真的是在侮辱我的人格。

那一次之后，我也是真的犹豫了。就在我想要放弃的时候，我接诊了一个病人，我把针给他打完了回家，那时候外面下着大雪把路冻上了。我出门穿了一双皮鞋，脚一滑差点摔倒。当时他走在我后面，赶紧在后头把我拉住，他说：“王医生啊，你可不能摔坏了，你要是摔坏了，我们这些艾滋病人就没有着落了。”那次我才知道，原来他们是从心里需要我这样一个人的。那之后，我就再也没有过放弃的想法了。

这些艾滋病人，生命每天都在倒数，不知道什么时候就要离开了。我觉得我能为他们做多少，就做多少。

对于艾滋病人，药物治疗虽重要，但不排斥他们，让他们感受到自己没有被遗弃，对他们来说更重要。所以对于大部分病人，我都是挨家挨户到家里去帮他们检查、送药，有时候也帮他们照看一下家里人，跟他们一起吃饭，调节一下跟邻居的关系。有些生活确实有困难的，我也帮他们看看相对应的一些扶贫政策，看看在他们力所能及的范围里能做什么挣钱，比如种山核桃啥的。其实都是些小事儿，但是对于他们来说很重要。

这些年来，在我们县政府和疾控中心的支持配合下，村民们对于艾滋病已经慢慢有所了解，知道了艾滋病的病毒不通过空气、食物、水等一般的日常生活接触传播。掌握正确的知识就可以预防，就可以对艾滋病人不再那么排斥，而是慢慢接受了。

所以，我们县里的这些病人现在都很阳光，他们生活起来更有自信了。我看到他们日子真的好起来了，我也就觉得这些年的付出都值得了。

导演组后记

到现在我都还能清晰地记得，2016年底的一天早上。

在央视新址的演播室里，我们正在紧张地准备着《2017闪亮的坐标》节目录制。

北京儿童医院超声科名誉主任贾立群大夫是当天的录制嘉宾，刚刚化妆完的他走进演播室，我一眼就看出了他的疲惫。我上前询问才得知，就在刚刚过去的前一天晚上，贾立群大夫在医院的B超台子前忙碌到了凌晨4点多。要知道，他已是奔60岁的年龄，而且第二天一早还要进演播室参与录制，要有一个7分钟的个人演讲和一个多小时的采访。作为总导演，我多么希望我的嘉宾是做好了充分的准备，养足了精神才来的，那时候都有这么点自私的想法。

“没办法，孩子有病大人都急得要命，他们在B超室外面抱着孩子一夜不睡地等着我给做B超，我怎么可能回去睡觉。早点做完就能给孩子的救治争取时间，做完再踏实过来录像”，贾主任说话的时候语调也有些颤颤巍巍，这几句话像是给我解释，他应该也是在担心当天的录制效果。但当时的我心中已是翻江倒海，硬生生地把眼圈里的眼泪给憋了回去，我能怪他什么？我只能说，贾主任这位嘉宾我请对了。我说：“没事儿，咱们今天的录制不是直播，是可以随时停下再重新开始的，您就自然发挥，不行咱们重来。”他说“好的，我会尽力”。

大约半个小时后，贾主任登场了。灯光、音乐、现场观众的注目和掌声，他的步子缓慢但稳健，站定到舞台中央，语调平缓地开始了他的演讲……他的演讲能顺利完成吗？按以往的录制经验，这要是中间卡顿了重新录制，可能会越来越紧张。这一切让我的心揪得很紧，紧张，紧张到大气不敢喘！当时有同事用手机偷拍我，说你是全程一动不动，目不转睛地昂头盯着导播屏。

贾主任的演讲，缓缓接近尾声，他的眼神、一字一句中充满了悲悯之情，甚至七八分钟的时间里没有一次停顿和一丝犹豫。成了！我终于松了口气。

结束之后的采访部分，贾主任的录制结束了。我迎上去拉他的手表示感谢："真没想到您能一气呵成，我在导播间快要紧张死了。"此刻他才告诉我："昨晚上四点多下了B超台我也没敢回家，一直在办公室准备今天的演讲，反反复复背诵了两个小时总算觉得能完成了。早上我就从办公室直接过来了，就怕讲不好给你们耽误事儿。"

一夜未眠！就为了把承诺的事情一件一件做好，这甚至成了他生活的常态。

目送他离开演播室，这一次我的眼泪没有忍住。

我没有办法用"伟大""博爱"这样的词来形容他，因为这些词在他的面前，都太单薄。

就因为，从医40年，他能做到"24小时随叫随到"；他能做到"25年不吃午饭只为了能每天多给十个孩子做B超检查"；他还能做到“一直和妻子住40平方米的职工宿舍只为了半夜能从家里快速跑到科室，第一时间给急诊患儿做检查”……

这一次和贾立群大夫的相识，成了我人生重要的财富，也成了我们这个导演团队时时刻刻的鞭策。

你的梦想有多大？再大，也需要每一天的行动和每一刻的坚守。你所想的，你所追的梦，你都为之去做了吗？

一份责任有多重？我们在各行各业拼搏，让大家咬牙扛住的，可能是让另外一个人快乐满足，可能是一个家庭的团聚幸福，也可能是全社会为之雀跃的内心激动，更有可能是让14亿中国人在全世界昂首挺胸！你用心做的每一件事，哪怕是零星琐碎，哪怕是默默无闻，都会有你所想象不到的收获。

书里所收录的故事，记录了30多个像贾立群大夫一样的普通劳动者，每一个人物的经历都在告诉我们，对梦想的执着有多么难能珍贵。今天，我们把视频节目整理成文字献给您，希望能成为您追梦路上的一份鼓励和参照。

如果你有梦，愿你不放弃，一直追。

——胡清波

中央广播电视总台综合频道

《生活圈》栏目组执行制片人

特别节目总导演

2018年12月17日，一个阳光明媚，温暖如春的珠海冬日，当我终于踏上刚刚正式通车两月余的港珠澳大桥，感受屹立在伶仃洋上这座奇迹建筑的雄伟，心中无限激动之时，我也同时想起了一年多以前和港珠澳大桥主体工程总工程师苏权科的一场对话。这条跨海“巨龙”是如何出世的，苏总工和他的战友们又是如何从梦想到出发到死磕再到成真，这些故事和经历其实一点都不逊于这座大桥带给我的震撼。

这几年，在综合频道《生活圈》制作播出的几档节目特别节目中，我有幸采访了数十位像苏权科这样的行业领军人士，可能他们的名字大家不甚熟悉，但是说起他们的丰功伟绩，无论是在对国家经济建设以及行业创新的推动方面，还是在为普通人民大众做服务谋福利上，他们都是一个个闪亮的坐标。

“神威—太湖之光”的中国芯、C919大飞机、华龙一号核电项目，代表着中国科技的世界领先水平；依文、圣泉、神曲乐器，彰显了中国自主创业人的美好人生；书法、舞蹈、京剧、工艺美术等传统艺术的名家们推动着中国文化的传承与发展；还有为全民健康保驾护航的医护工作者们、为父老乡亲们脱贫致富默默奉献的基层干部和志愿者们……他们的经历和精神感召，令人震撼、动容。

诚然，我们大多数人可能无法如他们一样，成就非凡，但是听听他们的故事，也许我们能从中获得更多鼓舞的力量、自信的力量、拼搏的力量、踏实的力量。

这些开拓者或传承者们努力为许多人实现了梦想，有了这些力量的加持，我们也许能在向前逐梦的路上跑得快一点再快一点，稳一点再稳一点。

愿每个人也能在自己的坐标上闪闪发光，哪怕只是一点点闪光，也会绚烂地照亮自己的梦想，点燃自己的价值。

——舒冬

中央广播电视总台综合频道主持人

《我们都是追梦人》，看书名也许你觉得是个挺大的主题，但当你生活中遇到啥沟沟坎坎，拿起来它读一读或许能找到解决之道，这也是一本值得推荐给孩子们看的书。

书中收录了央视综合频道近三年来特别节目中采访报道的三十多个人物，我们用采访敲开了别人的世界，从拍摄的上千小时的素材中甄选编辑，让生动的故事和真实的细节跃然屏幕。而且，这个别人不是明星，不是伟人而是和你我一样的普通人，他们对于读者来说或许更有借鉴意义，看看他们在关键时刻做出了哪些选择，让他们的人生有了不一样的精彩。

作为其中几个系列的执行总导演，我就是第一批受益的人。

但是很遗憾，我们采访报道的人物很多，并不是所有的都能收录进册，比如她——“首妈妈”。

2017年3月26日我在木樨地的摄影棚里，马上要采访的人物是首嫣嫣，身边的人都叫她“首妈妈”，但是她却在人到中年的时候永远地失去了女儿。女儿因为扑救山火而牺牲，丧女之痛让她一蹶不振。女儿去世一年后，邻居家出了大事，妻子和儿子食物中毒，丈夫带着儿子去了儿童医院，未成年的女儿和妈妈在另一个医院，首嫣嫣得知后，全力去帮助这一家人。但食物中毒的两个人最终没有抢救过来，这家的女儿没有了妈妈和弟弟，首嫣嫣从那之后，开始资助和帮助这家的女儿，从此也开始走上了照顾更多没有妈妈的“女儿”的道路。她在付出中收获了更多，不仅仅是自己走出了丧女之痛，也让更多的人走了出来。

我也是一个独女，平常工作忙，对于父母关心不够，对于孩子陪伴不够专注……那天采访后，路上给爸妈发了个微信问候，晚上陪儿子的时候，放下了手机，睡前讲了采访中的故事，他听得似乎比那些童话故事更加津津有味……

自从那次采访，我开始感受，珍惜那些身边爱你和你爱的人，用心陪伴，时常问候，不在乎时间的长短，只在于质量的高低，当你失去的时候，才知道拥有的珍贵。

“中国梦”不是一个遥不可及的梦想，更是一种自我价值的实现，让每一个人拥有一个自己说了算的人生！

所以，这本书我也会推荐给我身边的家长们，有家长总问，说给孩子应该看什么书呢？我建议就是人物传记，尤其这本浓缩了三十多个人物故事的传记。

生命有限，看书大大缩短了我们探究社会，体验人生的时间，站在前人肩膀上前行终归是省力些吧。

——关芳

中央广播电视总台综合频道

《生活圈》栏目组主编

特别节目总导演

我想参与过《2017闪亮的坐标》节目录制的每一个人，都还能记得京剧名家孟广禄先生走进演播室的时候说的第一句话：“没关系，就在这里化妆，给你们节约时间不去化妆间了。”

由于孟老师当天去参加元旦戏曲晚会的录制，结束时间比预期晚了一些，我们的录制组已做好准备等待着他。当他从晚会录制的演播厅急匆匆赶来时，一脑门子汗。我和孟老师说咱们现在去化妆间化妆吧，孟老师几乎一秒都没有犹豫直接说不去了，耽误你们时间已经很多了，咱就在舞台边化妆，然后直接俯下腰低下头，让化妆师处理这满头的大汗。要知道演播室里已经是坐满了很多观众，大家都在看着他。那时候才知道，什么叫大家风范，什么叫自信担当。一位德艺双馨的艺术家，放下身段架子配合你的工作，让我们感受到了温暖的尊重！

几年来，“勤奋、率真、侠义”这几个词总是萦绕在我的脑海，想必正是他们留给我最深刻的印象。

有时，甚至有点奇怪，众多的采访对象，他们有着不同的经历，诉说着不同的故事，描述着不同的场景落泪、欢笑，但是给人的感觉却是惊人相似——

他们中的女性，是博大善良、心底温厚的中国女人，且有男人般的胆识和胸襟；他们中的学者，有德艺双馨、锲而不舍的中国精神，生活中和蔼又可爱。

在他们的身上，我更多看到的是在走过几十年人生历程，有过无数光环和荣耀后的那一份平静、坦然和谦逊……

他们回忆青春，活得坦率真我。

我正值青春，愿去模仿他们的行侠好义。

——张昱

中央广播电视总台综合频道

《生活圈》栏目组导演

潘远香，我习惯叫她远香姐。现在大家总习惯说一句话：“清晨起床，满满的正能量。”我觉得这句话用在她身上特别合适。

身体上的残疾，让她从小就经历了很多不友好与不善良，但是在跟她聊天的时候，她却很少抱怨，而是经常说，谁又帮了她，她有多幸运。

她从不拒绝分享她自己的任何故事，因为她觉得，过去发生过的事情，没有什么是没办法面对的，经历的一切都让她变得更坚强，不管你做什么事情，不论你的身体是否有残疾，总会有人奚落你，也总会有人支持你。

在远香姐看来，只要是自己想要做的，那去做就行了。

——阴晴霞

中央广播电视总台综合频道

《生活圈》栏目组导演

这是一个扔在人群里一定不会被注意到的普通人，正是他创造了一个个錾刻奇迹。

这是一双有点老茧也并无特色的劳动手，也正是这双手把金属变成了“国礼丝巾”。

我说的，正是我曾经的一位采访嘉宾，大国工匠“孟剑锋”。

很多人都在赞扬工匠精神，工匠精神真的那么遥不可及吗？

第一次走进孟师傅的工作室，他的錾刻台面积不超过3平方米，而正是在这么一张桌子前，孟师傅可以从早上8点坐到晚上11点，甚至可以不上厕所。

一天不上厕所？怎么可能！

他身边的工友说，真的可能，你去看看他的杯子就知道了。这时我才发现，孟师傅的杯子还剩了杯底一点点水，而里面的水已经都发黄了，因为这已是三天前留下来的水……

錾刻工艺要求手工作业极其精细，很多花纹需要连续敲击，中间一旦停顿花纹线条就不能达到最流畅的完美形态，所以为了能保持连续几个小时的錾刻，中间一刻不停，孟师傅几乎在工作室里是不喝水的。

采访孟师傅之后的第二天，我回到单位整理信息编写稿件，从上午9点一直坐到下午4点，我就想试一试和孟师傅一样去专注做一件事。总导演波波姐走过来拍了拍我的肩膀说：“不错啊，一整天都不挪窝写稿子，看来采访大国工匠还是有收获啊。”

我想了想，心里已经有了答案。

——王博

中央广播电视总台综合频道

《生活圈》栏目组导演

生于天地间，作为一个自然人，我们无一例外都有自己的专属定位，依照职业分工，你或许从政从商，是工农商学兵中的一分子；按照辈分血统你可能是父母爷孙、丈夫妻子……总之，在这个追求分工明确、角色单纯的当今社会，谁都愿意各安天命、论资排辈地当好社会大家庭的一分子，以换取岁月静好，归来仍是少年。

按照“少担一份责任、少操一份闲心”的默契和共识，人们的这种定位原本也无可厚非，然而，在山西太原精神病院有一个年过半百的中年妇女李丽珠，却特立独行，从单纯的护士行业转行干起了精神病院老年科、托老中心的主任。

于是，从她走马上任的那一天开始，别的养老机构都不愿意接收的老年精神障碍患者、老年痴呆患者、身患重病卧床不能自理、临终关怀的老人有了一个全天候接屎接尿、喂水喂饭的“贴身保姆”；有了一个笑脸相迎、相伴左右的“亲密爱人”；有了一个嘘寒问暖、家长里短的“心理医生”；有了一个百依百顺、临终托付的“孝顺闺女”……这些“角色扮演”李丽珠一经加身就坚持了将近二十年。

这些“特殊定位”让她的岁月不再静好，白天她在老人们的眼中是精力充沛的“闹闹”，夜里躺在床上她需要服用安眠药才能入睡；对于已经去世的母亲，她始终带着一种没有尽孝的遗憾，因为她没有多少时间守护在老母亲的病床前……

随着社会老龄化问题加重，这些年有不少“金主”想请李丽珠“出山”办养老机构，但无一例外遭到了她的拒绝：“院里的老人有的跟我快20年了，我伺候他们快20年了，有的叫我妈妈、姑姑、老伴儿，有的把我当作他们的儿女，外面的报酬虽然丰厚，但没有什么能比得了我和他们之间的这种割舍不断的亲情！”

谁说“岁月静好”，只不过是有人替我们挑起了生活的重担！

——王华

中央广播电视总台综合频道

《生活圈》栏目组导演

人们总说医生是和“死神”最近的职业，这个形容用在肿瘤科邵亚娟大夫身上可以说是非常贴切了。

北京协和医院作为全国疑难重症的治疗中心，接诊的大多是病情凶险，医治难度很高的病患。邵大夫开玩笑说她的工作经常是在和阎王爷抢人。而在这个过程中，总是会遇到失败的时候。

每当谈到这个话题时，原本温和爱笑的她变得严肃又沉默。不管是康复出院的幸运患者，还是最终离开的病人，只要经她手努力救治过的，不管过去了多少年，那些患者当时的状态、他们一同和病魔斗争所做努力的细节，她几乎都记得。

在拍摄过程中，每到病房时，她脸上会多很多笑容，给患者和家属说得更多的也是鼓励的话。她说这是因为比起身体的病痛，癌症患者更大的是心病，安抚病人的情绪，缓解他们的恐惧心理是治疗的前提，而这一点常常被医生和患者家属所忽略。面对生命的脆弱，作为医生的她曾经也陷入迷茫，但是她将心比心，自己都先败下阵来，等待她的病人们又该怎么办？

于是她主动寻求心理疏导，并努力开展正念减压治疗的相关实践和研究，正是践行了那句话：“偶尔治愈，常常缓解，总是安慰。”

邵大夫说当医生是一场关于生命的修行，要在这些失败带来的种种挫折面前，依旧能够不丢失最初的那份热情。

——邵婉霞

中央广播电视总台综合频道

《生活圈》栏目组原导演

中国传媒大学在读博士

2017年9月1日，当我接到采访任务时无比兴奋，同时也有一些担心。兴奋的是，我即将要采访的黄大发可谓是一位重量级人物，他曾担任贵州省遵义市播州区平正仡佬族乡团结村党支部书记，被誉为“当代愚公”、获得中共中央宣传部授予的“时代楷模”荣誉称号。这么了不起的采访嘉宾，可我担心的是，老人家毕竟80多岁了，他能经得起我们的“折腾”吗？

9月5日早晨，在播州区宣传干事的带领下，终于见到了黄老书记。“你们也吃、你们也吃”，老人家端着一盆热乎乎的菜豆腐放到桌上，亲切地对我们说道。老人家执拗的态度以及香喷喷的味道让我不忍拒绝，我一边吃一边和他聊了起来。“我普通话讲得不好，你准备好采访提纲我提前练习练习，没问题。”吃完饭，我采访了他一个多小时后，他就迫不及待地带着我去水渠现场看看。老爷子走起路来带风，不好走的地方还拉着我，并嘱咐我一定要注意安全。看到老人家的身体很健硕，表达也没有太大问题，我悬了好几天的心才算放了下来。老人家说：“我一生最大的梦想就是去北京、去天安门。没想到，这个梦想马上就要实现了！”看到他激动得像个孩子，我也很开心，心里想着：我一定要好好策划这期节目，一定要帮助他完成这个梦想！

9月16日，黄大发在家人以及当地宣传部门工作人员的陪同下，乘坐我们节目组订的航班来到了北京。17日上午，他举着小红旗在天安门广场上奔跑着喊：“我的梦想终于实现了！”当天下午，他精神抖擞走进央视演播大厅，顺利地完成了此次节目录制任务。

此时，我却掉下了眼泪，而这泪水是甜蜜的。见证别人的梦想实现，又何尝不是实现自己的梦想呢?

有梦想的人是幸福的，是可爱的。

——王庆利

中央广播电视总台综合频道

《生活圈》栏目组导演